希望の
保育実践論
I

加藤繁美
Kato Shigemi

保育の中の子どもの声

自分の声を
聴きとられる
心地よさ

多様な声を
響き合わせる
おもしろさ

シリーズ「希望の保育実践論」をお届けします

シリーズタイトルに「希望」を冠した理由は、大きく言って三つあります。

一つ目の理由は、**子どもの中に希望を育てることを、保育実践の大切な課題に位置づけたこと**にあります。子どもを育てるということは、子どもの中に喜びと希望を育てること。複雑で、不確実で、あいまいさに満ちたこの時代を生きる子どもたちにとって、未来を信じる気持ちと、他者に対する信頼を基礎に形成される希望の世界は、必須のものとなっていくはずです。

二つ目の理由は、**未来を拓く新しい力の形成という課題に、保育実践が挑戦をはじめていること**にあります。それは、子どもを発達する存在として尊重し、人間として尊重する努力を重ねてきた日本の保育実践が、さらに一人の市民として子どもを尊重する実践に挑みはじめたことと深くかかわっています。

これまで日本の保育実践が、子どもを権利の主体と位置づける努力を重ねてきたことは事実です。しかしながらそれでも現実は、乳幼児期を社会化の時期と考える思想からすっかり解放されたわけではありません。発達する主体として、人間として、そして市民として子どもを尊重しようとすると、これまで見たことのない、新しい保育の地平を切り拓くことが求められることになります。この、未だ見たことのない世界を切り拓く希望の瞬間に、私たちは立ち合い、その課題にチャレンジしようとしているのです。

そして三つ目の理由は、**こうした課題に挑戦する保育創造の営み自体が、じつは混迷する社会の希望として機能していく点**にあります。乳幼児を、社会の積極的構成員の一人として尊重する保育実践は、多様性に満ちた人間同士が、多様性を尊重しながら生きていく、新しい社会のモデルとなっていくのです。

もちろんそうした実践を創造することは容易なことではありません。子どもを未熟な存在と考え、社会の価値観に適応させることを大人の責任と考えてきた旧い子ども観・教育観に未だ支配されているのが現実です。しかも保育条件は劣悪なままですし、拡大した学校化社会の弊害が、保育の世界に影を落としているのも事実です。

しかしながら、小さな子どもとの間に対話的な関係をつくりだす保育実践の現場に未来を拓く可能性があることもまた事実です。そんな時代が求める保育の思想と実践を、子どもの声、カリキュラム、保育者という三つのキーワードをもとにまとめました。時代を拓く実践の創造に向けて、多くの議論が湧き上がり、実践の試行と交流がはじまることを期待しています。

＊希望の保育実践論Ⅱ「カリキュラム編」、同Ⅲ「保育者編」は続刊になります。

もくじ◎希望の保育実践論Ⅰ　保育の中の子どもの声

第3章　リスニングと関係性の保育実践論
対話の時代の子どもの声

第4章　逸脱と参画の保育実践
多様性の時代の子どもの声

はじめに

この本は、今、保育実践の中に「子どもの声」をどのように位置づけ、「子どもの声」にどのように応えることが保育に求められているかという問題を、社会的・文化的課題に結びつけながら論じたものです。

もっとも、こうした問いに対しては、「子どもの声を実践の真ん中に位置づけ、子どもの声に応答的・対話的に向き合うこと」といった「正しすぎる」回答を、躊躇なく語る保育者がいること、それは私もよく知っています。

実際、ある意味で自明と考えられてきたこうした答えは、日本の保育実践の場でくり返し語られてきた保育の思想であり、保育関係者の共通認識になっている哲学の一つと言ってまちがいないと思います。

しかしながら、この「正しすぎる」思想・哲学が、保育実践の現場ではあまりうまく機能しないのです。それぞれ勝手に、自分の思いを、自信いっぱいに語る子どもたちを前にすると、「子どもを真ん中に」という理念も、「応答的・対話的」という思想も、知らないうちにどこかに吹っ飛んでしまうのです。

たとえば、「子どもの声を実践の真ん中に」と言っても、集団保育の場で聴こえてくる「子どもの声」は一つではありません。多くの子どもたちが、それぞれ違う声を出しながら生活しているのが保育の現場です。対立し、矛盾をはらんだ多様な子どもの声を実践の「真ん中」に据えたとき、いったいどの声と応答的・対話的関係をつくればいいのか、途方に暮れてしまうのが現実なのです。

いや、それだけではありません。保育者の言葉を拒絶し、自分のやりたいことに固執する子どもがいる一方で、不安な表情とともに思いをうまく表現できない子どもがいます。あるいは自分の感情をコントロールすることができず、突然暴力的になる子どもがいます。「個性的」といえば確かにその通りなのですが、個性と個性がぶつかり合う保育室は、ときとして不協和音が鳴り響く空間になってしまうのです。

そんな現実を前にして、この「正しすぎる」思想・哲学はもろくも崩れ去り、「子どもの声」に耳を傾け、「子どもの声」を起点にはじめたはずの実践が、「私の声を聞け！」という保育へと転化してしまう、そんな危険性とともに実践の場は動いてきたのです。

しかしながらそれでも乳幼児を対象とした集団保育の場では、「子どもの声」に耳を傾け、「子どもの声」を起点に実践創造することをあきらめず、この困難な課題に向き合う努力を重ねてきました。それは、子どもを主人公とする保育実践をつくりだすことが、子どもの権利と、それに続く人間の権利を発展させる最善の道であることを、時代の課題として認識していたからにほかなりません。

たとえば、旧来の保育実践論において「子どもの声」を聴きとることの意味は、大きく二つの視点から語られてきました。

一つは、「子どもの声」を「発達する主体の声」として聴きとる視点です。子どもが発するどんな「否定的」な声も、変化と発達を求める「声」として聴き直すことの重要性を強調する議論がこれに該当します。「発達する主体」として子どもを位置づける子ども観とともに、「子どもの声」を発達的に聴きとる教育学として語られてきました。

もう一つは、「子どもの声」を「一人の人間の声」として尊重する視点です。どんな小さな子どもも、人間として尊重することの重要性を主張するこの議論は、「子どもの権利」思想の広がりとともに、保育の中でも当たり前のように語られるようになってきました。

大人に保障される権利は、子どもにも保障されなければならないという議論は、

たとえばこうした視点からまとめられたものに以下の著作があります。子どもと保育総合研究所編『子どもを「人間としてみる」ということ——子どもとともにある保育の原点』ミネルヴァ書房、二〇一三年

「自由」や「権利」という言葉とともに保育の思想の中に定着してきましたが、いざ実践に移そうとすると、とたんに「発達する権利」との間で矛盾が生じてしまう、けっこうやっかいな思想でもあるのです。

給食に出たニンジンを「食べたくない」と主張する子どもの「声」を、「人間の声」として尊重すれば「自分で決めればいいよ」と対応することになるし、「発達する主体の声」として尊重しようとすれば、「栄養あるから、がんばって食べようよ」と対応することが大切になってくるのです。

こうした中、保育における「子どもの声」の位置づけを、もう一つ高いステージに持ち上げる課題が、活発に議論されるようになってきました。子どもを一人の「市民」として位置づけ、「市民の声」として「子どもの声」を聴く課題に、保育実践が挑戦することを求める議論が登場してきたのです。

この子どもを「一人の市民」として尊重する議論は、国連で「子どもの権利条約」を採択し、各国が批准を推進した一九九〇年以降に活発になってきました。社会を構成し、社会の意思決定に責任を持つ「積極的構成員」として「子どもの声」を尊重する思想がこれにあたります。

もちろん、「一人の市民として尊重する」思想と、「一人の人間として尊重する」

思想との間には重なる部分も多く、完全に別個のものではありません。しかしながら参加・参画権として語られる「市民の声」の思想は、保育計画をつくる営みの中に「子どもの声」を反映させる新しい保育実践の具体化を私たちに要求するようになってきたのです。

つまり、「発達する主体」として、「一人の人間」として、そして「一人の市民」として子どもを尊重し、それらを統合した「声」として「子どもの声」に耳を傾けることを時代の課題として認識するようになったのが、まさに現代という時代なのです。

ところがこうして集団保育の中で三つの「声」を一つに統合して聴こうとすると、当然のことながらその前に大きな壁が立ちはだかることになります。集団保育の中で一人ひとりの「声」に耳を傾け、その「声」との間に応答的で対話的な関係を築こうとすると、保育室に響き合う多様な「声」の間に、さまざまな矛盾や軋轢が生じてくるのです。そして実践に責任を持つ保育者には、声の「多声性」を尊重しながら、しかもそれを「集団の声」につなげていく実践の創造が求められることになるのです。

克服すべき課題は、大きく四点あると思います。

保育・教育の原理を「多声性」に関連させて語った人物に教育学者の坂元忠芳さんがいます。「未来の世界の原理は、他者と『同一性』を共にするのではなくて、他者と『同時存在性』を共有すること」というミハイル・バフチン (Mikhail M. Bakhtin) の言葉を引用しながら坂元さんは、「教師と子どもが違った調子を奏でることができ、子どもどうしも違った調子を奏でることができる」ポリフォニー (多声性) の原理を保育・教育の基本に据えることの大切さを強調しています。(坂元忠芳『対話の教育への誘い』新日本出版社、一九九一年)

一つ目は、**子どもの「声」と保育者の「願い」との間に生じる対立関係への対応**です。子どもの「声」を尊重するということは、子どもの自己選択・自己決定権を尊重することを意味していますが、この点を強調すると、子どもは自分の思う通りに何をしてもよいことになってしまいます。保育の中で生じる、子どもの活動要求と保育者の教育要求との矛盾に、保育実践はどのように向き合えばよいのか、最初の課題はこの点にあります。

これに関連して生じてくる二つ目の課題が、**保育における「自由」の問題**です。自己選択・自己決定権にもとづいて展開される保育実践論は、子どもの自由権を論拠に保育論を構築する特徴を持っています。とくに日本では、これまでも「自由保育」という名前とともに保育における自由の課題が語られてきた歴史があります。保育実践の中に子どもの「自由」と保育の「自由」をどう位置づけるかという問題は、日本の保育実践のこれからを考える上で重要な課題となってくるのです。

三つ目の課題は、**多様性を重視する思想と「子どもの声」の関係**です。子どもを「一人の市民」として尊重する思想の広がりに対応する形で、子どもを「意味生成の主体」と位置づける子ども観が強調されるようになってきました。一人ひとりが違った「意味」をつくりだしながら生活しているのだから、それぞれが異なる考えを持ち、別個の願いを持つことを当然と考える主張ですが、こうした「多様性」を尊重する保育の思想と、「集団」重視の保育との間に生じる矛盾の克服が、保育実践の課題として意識されるようになってきたということです。

実際、これまでの保育は、そうやって自分を主張する多様な子どもたちを、同一性の原理で作られた集団の中に上手に適応させることを追求してきた歴史を持っています。これに対して、多様性を基礎にしながら子ども同士がつながり合う、新しい質の集団をつくりだすことが求められているのです。

こうした多様性を基礎にした集団を経験したことのない保育者が、子どもと一緒に新しい関係づくりをしようというわけですから、それは決して容易な営みではありません。しかしながらこの課題を、保育の希望をつくりだす課題として意識し、実践を創造することが重要になってくるのです。

そして四つ目の課題が、**これまで保育実践の前提と考えられてきた「子ども理解」の問い直し**です。子どもに正しいかかわり方をするためには、子どもの行動・言動を正しく理解することが必須の要件になると、これまでの保育理論においては疑われることなく考えられてきました。しかしながら、子どもを「意味生成の主体」と考える子ども観は、こうした保育思想の前提に疑問を投げかけます。

子どもは保育者に理解される「対象」ではなく、自分で世界をつくる「意味生成の主体」だというのです。そしてそうした視点に立つと、「子ども理解」という言葉の中には、保育者が子どものすべてを「理解」し、自分の考える方向に連れていくことを保育の前提と考える、無意識の「権力性」が潜んでいると指摘するのです。そうやって保育の中にある「無意識の権力性」を意識したとき、保育者は子どもの声にどのように耳を傾け、どのように応答することが求められているのか、明らかにする必要が生じてくることになります。

この本は、私たちが未だ経験したことのない多様性の時代の集団保育を、「子どもの声」を鍵概念として読み解いていきます。そのためにまず、保育における子どもの声の位置づけに関する議論からはじめてみることにします。

本書の中には多くの実践記録が登場してきます。そのほとんどは私自身も参加して行われた実践検討会で発表されたものです。「子どもの声」に向き合う自分自身のかかわりを言語化し、保育者同士で集団的に省察し合う保育者のみなさんに頭が下がる気持ちがしますが、そんな実践記録の一部を本書の中で使わせていただきました。登場する子どもと保育者の名前はすべて仮名にしてあります。また、実践記録の一部は、原文の流れを変えない範囲で体裁、表記を変更してあります。

第1章

自分の声を聴きとられる権利 子どもの声を聴きとる責任

子どもの声に耳を傾ける意味

1 保育における「子どもの声」

幼稚園・保育所・こども園といった社会的保育施設から聞こえてくる「子どもの声」は、大人たちを思わず笑顔に誘う不思議な力を持っています。生きることをサボらない乳幼児の多様な「声」を聴いていると、何か希望のようなものを感じてしまうから不思議です。

もちろん、ここでいう「声」は「音声」としての「声」に限定されるわけではありません。無意識に表出されるほほえみも、自然に出てくる不快の表情も、描画や造形作品に込められたイメージの世界も、すべて大切な子どもの「声」なのです。

保育の中で「子どもの声」を聴きとることの最大の意味は、おそらく「声」を聴きとられる経験を通して子どもたちが、集団保育の場に安心の感情を持つことができる点にあるのだと思います。子どもたちは、自分の声を聴きとられることによって、そこに居場所を見出していくのです。声を聴きとられる経験を基礎に、自分らしく園生活をつくりだしていくのです。

「子どもの声」に耳を傾けることを大切にするもう一つの理由に、「子どもの声」を手がかりに子ども理解を進め、そうやって理解した子どもの姿を基礎に保育の課題を描き出してきた保育実践論の存在があります。一人ひとりの育ちの課題を正しく理解して、その子に合った関係づくりの道筋を見出すためには、「子どもの声」をていねいに聴きとる必要があると考えてきたわけです。

いや、それだけではありません。

国連で「子どもの権利条約」を採択したことを契機に、「声を持った主体」として乳幼児を尊重する議論が国際レベルで展開されるようになってきました。こうした国際的な議論を反映する形で、日本において「子どもの声」を尊重する実践の創造が模索されるようになったことも、やはり無視することはできないと思います。

とくに、乳幼児の「声」を「市民の声」として尊重しようとする思想の広がりは、保育における子どもの「声」の聴き方に大きな変化を求めることになりました。乳幼児を「教育」の対象と考え、乳幼児の「声」を「子ども理解」の手がかりと考えてきたこれまでの保育観を深いところで問い直す必要に迫られることになってきたのです。

こうした中、保育における「子どもの声」の位置づけと、「子どもの声」への向き合い方を問い直す議論が、理念的にも実践的にも行われるようになってきました。「子どもの声」を起点にしながら、それぞれの子どもが主人公となる保育実践の創造を、新しい保育実践理論の中に位置づけ直す議論が展開されるようになってきたのです。

もっともそうはいうものの、子どもと活動をともにする保育者にしてみれば、こうした形で理念的に語られる意義とは少し違った感覚で「子どもの声」と向き合っているというのが、むしろリアルな姿なのではないでしょうか。その感覚を言葉にすることはきわめてむずかしいのですが、強いて表現するなら、保育者にとって「子どもの声」に耳を傾ける営みは、保育実践そのものを意味するくらい大切なものであると同時に、無意識のうちに身体が反応する日常的な営みと表現できるかもしれません。

それは、私自身の実体験にもとづく感覚でもあります。

2　保育者が「子どもの声」に耳を傾ける意味

　じつは、大学を卒業したあと、ある大学の附属幼稚園に勤務したことがあります。いや、「勤務した」といってもわずか四年のことですし、しかも担任を持ったのは最初の二年間だけですから、それをもって保育のリアルを語る資格を得たと考えているわけではないのですが、それでもこのときの経験が、子どもと保育を語る私自身の原体験となっていることは事実です。

　もう半世紀も前のことになりますが、担任した五歳児クラスは、一年目が三十八人、二年目が三十九人という、今考えてもぞっとする人数のクラスでした。しかしながらこれだけ条件が悪くても、頭の中は一人ひとりの「声」に耳を傾け、それぞれの子どもとどう対話していくかということでいっぱいだったことを覚えています。

　クラスにジュンコちゃんという子がいました。目の丸いかわいい表情をした子でしたが、四歳児クラスで担任保育者と一言も話をすることがなかった、と申し送りを受けて保育一日目を迎えたのがジュンコちゃんでした。

じつはこの園で出会った子どものことは、『しあわせのものさし』（ひとなる書房、一九九九年）と『対話と保育実践のフーガ』（ひとなる書房、二〇〇九年）でふれたことがあります。保育研究者にとって実践経験があることは、子どもと保育のリアルな課題を身体レベルで認識できる利点を持つことになりますが、それは同時に自分の経験ですべてを理解し、解釈する危険性を内包することでもあります。そういう意味で私個人は、保育を語る研究者は自分の経験に対して抑制的であるべきだと考えてきましたが、「子どもの声」を聴くという相互主観的な営みについて語るとき、自分自身の経験に意味があると考え、あえてここで紹介することにしました。

前年度の担任からこの話を聞いたとき、自分なら一週間もあればジュンコちゃんと話をすることができると思いました。それが自分の「慢心」から出た思いだということに、すぐに気づかされることになるのですが、実際、ジュンコちゃんの声を聴くことは難題でした。一週間どころか、一ヵ月たってもジュンコちゃんは私の前で口を開いてくれることはありませんでした。

もちろん、指導計画にそんなことは書きませんが、それでも自分の中には「ジュンコちゃんと会話をする」という素朴な行為が、具体的で、そして大切な目標として立ち上がってきたのです。「会話」をすること自体は、それほど大きな意味のあることではありませんが、その課題を克服するとき、ジュンコちゃんの中にあるすべての問題が解決すると思うくらい、それは私にとって大きな目標でした。

しかしながら、満面の笑みで「ジュンコちゃん、おはよう」と声をかけても、ジュンコちゃんの表情は逆に硬くなるし、笑顔だけで静かに迎え入れたとしても、私の近くにくるにつれて目に見えて緊張の表情になってしまうし……。

こうして打つ手、打つ手が裏目に出る感じで半年が経過したとき、どうしたものかと悩んだ末、いつもジュンコちゃんと一緒に遊んでいるケイちゃんに相談してみることにしました。

ジュンコちゃんのような子どもを「場面緘黙児」と呼んだり「場面緘黙症」という診断名が与えられたりすることは当時も変わりはありませんでした。しかしながら、話すことができないことを問題行動と考え、それに対する対処法が列挙されたどの本も、ジュンコちゃんとの関係づくりに役立ちませんでした。最近になって、平田オリザさんが記した演劇のワークショップの事例は、その点で衝撃的でした。場面緘黙の子どもがいる小学校六年生のグループが劇をつくったとき、その子を日本語がわからない外国人として登場させ、先生役の子どもが通訳をするというシナリオを書いたというのです。子どもたちが考えるこの自然な展開が、本当はジュンコちゃんにも必要だったのだと、改めて教えられた感じがします。（平田オリザ『ともに生きるための演劇』ＮＨＫ出版、二〇二二年）

「ネエ、ケイちゃん。ジュンコちゃんと話したことある？」
「えー。当たり前でしょ。いつも、一緒に遊んでいるんだから」
「そうだよね。当たり前だよね。でも先生、ジュンコちゃんの声、聴いたことがないんだよね」
「わかった。先生、ジュンコちゃんと話したいんでしょ。でもむずかしいかもね。ジュンコちゃん、大人の男の人は苦手みたいだから」

何か助け舟を出してくれるのかと期待したのに、最後は冷たい言葉で終わってしまいました。ジュンコちゃんのお母さんにそのことを話すと、「むずかしいかもしれませんね。じつは父親にも緊張するみたいで」と、ケイちゃんと同じような言葉を返されたことを覚えています。

結局、こんなやりとりをくり返しながら三月を迎えることになってしまったのですが、このままで終わるわけにはいかないと、私なりに最後の計画を立てて臨みました。ところがその直後にジュンコちゃんのお母さんから「水疱瘡になってしまって、卒園式も出れそうにありません」と絶望的な連絡が入ってきたのです。

ジュンコちゃんのいない卒園式を終え、まさに「敗北を抱きしめて」という感じで卒園証書と卒園アルバムを持ってジュンコちゃんの家を訪ねたことを覚えていま

す。ジュンコちゃんの家で卒園証書を読み、形ばかりの卒園式をしたのですが、こたつに入ってお茶をいただきながら、ほかにやることもないので卒園アルバムを広げたときのことです。

「ここ、どこだっけ?」とさりげなく聞いた言葉に、なんと「オオダカ公園」とジュンコちゃんが返してきてくれたのです。私はもう天にも上る気持ちだったのですが、そんなはやる気持ちを懸命に抑えて、「これ、誰だっけ」と冷静を装いながらジュンコちゃんに聞いてみたのです。すると「ヤスオくん」と、これまたはっきりと答えてくれたのです。

ジュンコちゃんとの一年間は、たったそれだけのことでしたが、それでもそこでわかったことがありました。それは、緊張の強いジュンコちゃんを、緊張を抱く私との関係の中に懸命に迎え入れようとした愚かさでした。そうではなくて、ジュンコちゃんの世界に私のほうが入れてもらうことが大切だったのです。

それから五年ほどたったある日、神戸で小学校教師をしていた鹿島和夫さんの『続一年一組せんせいあのね』に、三好麻紀ちゃんいう一年生のことを書いた文章を発見しました。麻紀ちゃんも、ジュンコちゃんと同じように世間では「緘黙児」と呼ばれるタイプの子どもだったということですが、その麻紀ちゃんが次のような作文を書いてきたと鹿島さんは紹介しています。

鹿島和夫編『続一年一組せんせいあのね』理論社、一九八四年
鹿島さんの『一年一組せんせいあのね』シリーズは、いろんな意味で刺激的でした。小学校一年生の内面を、書き言葉で引き出していく教育実践は、話し言葉の世界を生きる幼児の「声」の問題を考える上で、現在でも参考になります。幼児期と小学校期の移行・接続の問題も、こうした実践を通して議論すれば、おそらく興味深い内容をつくりだすことができると思います。

あいさつ　　　　　　　　　みよし　まき

なかおさんのいえへいって
「こんにちは」といおうとおもったけど
こえがでませんでした
おぜんざいとみかんをもらったときにも
「いただきます」がいえませんでした
みっつもみかんをたべました
それで「ごちそうさま」と「さようなら」をやっといえました

この文章を読んだとき、きっとジュンコちゃんもこんな感じで毎日登園していたんだなと反省させられました。登園するまで、「今日こそ『おはよう』って言おう」と心の中で語りながら来ていたのでしょう。そして、私と顔を合わせたとたんにその言葉をゴクンと飲み込んでしまって、最後まで話すことのできない毎日を送っていたのだと思いました。

そうです。「子どもの声」は、なにも表面に現れた声だけではないのです。心の奥底に閉じ込められた、声にならない声だってあるのです。その声にならない声は、ときとして本人すら気づいていない場合があるのですが、そこに隠された「真実の声」を聴きとることが、じつは保育者には求められているのです。

　なんといっても水疱瘡にかかるまで、ジュンコちゃんは休まずに毎日登園してきていたのです。そんなジュンコちゃんの発する「表面の声」を聴くことに気を取られ、ジュンコちゃんの「心の声」に耳を傾けることを私は忘れていたのです。表面に現れた声を聴きながら、心の中に隠された「真実の声」を聴きとることの大切さを、ジュンコちゃんとのやりとりを通して学ばされた一年間でした。

3　子どもの声は七転八倒する実践とともに

　もちろん、ジュンコちゃんだけではありません。

　クラスにヨシミチくんという子どもがいました。彼の場合は、まず部屋に入ってくれないのです。だから保育するどころじゃなくて、部屋にどうやって入れるかが毎日、大きな課題でした。登園と同時に荷物を置いて、外に出てはあらゆる水道の水を出すところからヨッチャンの一日ははじまります。そして私は、ヨッチャンが出した水を必死で止めに行く、そんな毎日をくり返していました。

「ヨッチャン、今日はさ、みんなで散歩に行くんだけど、どこに行くか決めるから部屋に入ってくれないかな」
「イヤ!」

こうしてすべての提案を「イヤ」と拒否するヨッチャンの声をどう受け止めればいいのか、毎日が悩みの連続でした。絵を描けば五秒で描きあげて外に行き、すぐに水道の水を出して遊び出すし、七夕飾りをつくろうとすれば知らないうちに部屋を抜け出し、足洗い場のホースをハサミで切りはじめるしと、とにかく私がやってほしくないと思うことを次から次へとしてくれるのがヨッチャンでした。

そんなヨッチャンとの関係が最悪になっていったのが、運動会を前にした数週間だったのですが、自分勝手に行動するヨッチャンに手を焼いて、途方に暮れているところに助け舟を出してくれたのが、ミズエちゃんでした。

とにかく、「子どものことは、子どもに聞け」の精神で、困ったことがあるとすぐに子どもに相談することを、当時の私は無意識のうちにくり返していました。すると、なぜか活路が開けてくるから不思議です。

加藤「どうしてヨッチャン、いつもああなんだろうね」
ミズエ「あんなって？」
加藤「みんなと一緒に、いろんなことができないってこと」
ミズエ「いつもは、みんなと遊んでるよ」
加藤「遊んでるときだって、ヨッチャンだけ勝手にしてるんじゃない？」
ミズエ「だって、家では一緒に遊んでいるもん」
加藤「いつも、一緒に遊んでるの？」
ミズエ「いつも一緒だよ」
加藤「遊んでるときは、ヨッチャンだけ、別のことしたりしないの？」
ミズエ「しないよ」

ミズエちゃんの、「家では一緒に遊んでいる」という言葉がどうしても信じられなくて、それから一週間、放課後のヨッチャンの様子を知りたくて、子どもたちが遊んでいる場所を訪ねたのですが、確かにミズエちゃんの言う通り、ヨッチャンは絶妙な距離感をつくりながらみんなと遊んでいたのです。

実際そこには、相互に強制し合わない人間関係がありました。一緒にいるのも、少し離れるのも、平行して遊ぶのも自由な関係の中で、相互にルールをつくりながら遊ぶ子どもたちの姿は、まさに自由そのものだったのです。そしてそんな姿を見ていると、「自由に遊んでいいよ」と言いながら、じつはみんなと一緒に、ルールに従って遊ぶことをヨッチャンに求めていた自分に気づかされたのです。

そこで、運動会への参加についても、とにかく礼を尽くしてヨッチャンに聞いてみることにしました。

加藤「運動会があるんだけど、ヨッチャンはどんなことなら、一緒にやりたい?」
ヨシミチ「みんなと遊ぶのはいい。ゲームをするのも、それからリレーだったらしてあげてもいい」
加藤「リレーだったら、していただけますか?」

こんな感じでヨッチャンの声に耳を傾けていると、さりげなくリレーの列に並んで、走っていたりするから不思議です。子どもは自分の声を聴きとられながら自分を育てていく存在なのだと、改めて教えられたような気がします。

考えてみたら、ジュンコちゃんの「声」を聴くために一年間を費やしたにもかかわらず、聴くことができた「声」はあの二つの単語だけでした。ヨッチャンの

「声」に振り回されながら一年間が経過しましたが、その過程でヨッチャンに育ったものは何かと聞かれても、それを明確に答えることは困難です。

しかしながら、そうやって子どもの「声」を聴く過程そのものが私にとっては保育実践だったのです。「子ども理解のため」とか、「声を持った主体」として尊重するといった理念的な問題をこえて、この七転八倒する過程そのものが、私の保育実践だったのです。

4　関係創造的実践として展開される保育の営み

つまり、乳幼児を対象とする保育実践は、子どもとの間に教育的関係をつくりだす営み自体に、大きな意味が存在しているということなのです。それは、心（人格）の構造を形成していく乳幼児期の発達において、子どもたちが経験する関係の質が決定的な意味を持つからにほかなりません。

重要なのは、関係創造の過程で、それぞれの子どもの発達課題が浮かび上がり、個別の保育目標が明確になってくる点です。**個別性・差異性・偶発性・相互主体性**

の原則にもとづいて展開される保育実践は、あらかじめその道筋を定めることが困難なだけでなく、その過程で生成する内容の中に重要な意味が存在するのです。

このように、子どもとの関係を創造する過程で活動が立ち上がり、目標が具体化していくタイプの実践様式を、ここでは「関係創造的実践」と呼んでおくことにします。月齢差がはげしく、発達にデコボコのある子どもたちを対象とした集団保育が「関係創造的実践」として展開されることは自然なことで、関係をつくりだす起点に「子どもの声」を位置づけることは、これまた当然のことなのです。

もっともそうはいうものの、実際には集団性・同一性・計画性を基本にした「設定保育」中心の園が、未だに多数存在することも事実です。こうした園で展開される「設定保育」中心の実践は、抽象的に整理された目標から演繹して内容・方法を決定し、指導計画に従って実践を展開することになっていくわけです。ここではそうした実践様式を「目標演繹的実践」と呼んでおくことにします。

もちろん、いずれの様式を選択するにしても、「子どもの声」と「保育者の声」との絡み合いで実践がつくりだされていくことに変わりはありません。ただし、「保育者の声」に子どもたちを順応させる形で子どもの「社会化」を進めることを当たり前のように考えてきた旧来の保育に対して、「子どもの声」を尊重し、子どもたちを園生活の主人公に位置づける保育をつくりだそうとするわけです。必然的

一般的な原理から具体的で特殊な命題を導き出す推論方法を「演繹」といいます。これに対して、具体的で特殊な事例を寄せ集めて、そこに一般的法則や原理を見出していく推論方法を「帰納」といいます。小中学校の教科教育が、一般的な目標から個々の授業の姿を導き出す「演繹」的手法で組織される「目標演繹的実践」という特徴を持っているのに対して、子どもと保育者の応答的関係の集合体として展開される保育実践は、「帰納」的手法で組織される「関係創造的実践」という特徴を持っていると考えることができます。

に「子どもの声」の聴き方を問い直し、「関係創造的実践」として保育の質を高める方向で、保育を見直す必要が生じてくるのです。

一般にこうした関係創造の営みは、「子どもの声」を受け止めて、切り返す形で展開されていきます。言い換えればそれは、「子どもの現在」の姿を受け止めて、子ども自身が未だ気づいていない「明日の世界」に誘っていく営みでもあるのですが、それを支えているのが保育者の対話能力です。

この対話能力は、「子どもの声」を聴きとる力（共感力）と、そうやって聴きとり、受け止めた「子どもの声」に切り返す力（ひらめき力）で構成されますが、問題が深刻なのは、この「共感力」と「ひらめき力」が保育者の個人的能力として形成されていて、一般化することが困難な点にあります。

経験知・身体知として形成された対話能力は、個別性と差異性にもとづく個人的能力として保育者の中に存在し、子どもとの関係づくりに活かされていくのです。そしてそれゆえ、保育の中で日常的にくり返される関係づくりの営みは、誰もが同じようにつくりだすことができないと同時に、頭で考えるように簡単にはいかない点に特徴があるのです。

人間の中に形成される知性を「暗黙知」と「形式知」に分類して説明したのは哲学者で社会学者のマイケル・ポランニー（Michael Polanyi）ですが、「形式知」が「記号」に置き換えることができる知性なのに対して、「暗黙知」は言語化できないものを多く含んだ知性で、一般に「身体知」とか「経験知」といった言葉で表現されたりします。経験により身体に刻まれた知性を意味していて、「形式知」をはるかにこえた情報量で構成されると考えられていますが、言語化することがむずかしいため、他者と共有することが困難な点に特徴があります。

5　子どもの声に耳を傾けるというけれど

たとえば、次に紹介するのは保育者になって一年目の佐藤さん（仮名）が書いた実践の記録です。

運動会が終わった十月の午後、昼寝の時間だというのになかなか眠ってくれないタツキくん（三歳五ヵ月）とノブくん（三歳四ヵ月）との関係づくりに苦しみながら、それでも懸命に昼寝に誘っていく保育実践の記録です。

眠る気持ちになれずゴロゴロしだすタツキ。そんなタツキに笑いかけるノブ。いやな予感がしたが、ほかの子が眠りにつきそうなので、近くで様子を見守っていると……。

ノブ　立ち上がってティッシュを取って動き回る。

タツキ　ノブを見て立ち上がり、同じようにティッシュを取ってノブと笑い合う。

じつはこの記録は、以前『記録を書く人　書けない人――楽しく書けて保育が変わるシナリオ型記録』（ひとなる書房）にも紹介したことがあります。ただしこの中では、新人保育者の対話能力の構造分析の資料として使わせていただきました。本書の中では、少し視点を変えて、同じ資料を分析してみようと思います。

保育者「ノブちゃん、タッキちゃん！　もう寝る時間だから、ティッシュ捨てておふとんでゴロンして！」
ノブとタッキは互いに顔を見つめ合ったあと、扉の前に移動して座り、再度顔を見合わせている。
保育者「ノブちゃん、タッキちゃん！」と声をかけながら近づくと、片方の鼻の穴にティッシュを突っ込んで笑い合っている姿が……。さすがに「これは」と思い、二人を部屋の外に連れ出す。
保育者「ノブちゃん、タッキちゃん。もう寝る時間なんだけど、二人が遊んでたらほかのお友だちが寝れないでしょ！　寝る気持ちになったらお部屋に来てね。もう、みんな寝てるから」
ノブ・タッキ　二人で顔を見合わせ、「どうする？」と言って笑い合っている。
その姿に「完全になめられてる」とショックを感じてしまった。

鼻の穴にティッシュを詰め込んでふざける三歳児を部屋の外に連れ出した佐藤さんの行為を保育者としての「未熟さ」の現れと考えるなら、おそらくそれはその通りなのだと思います。あるいはこの程度の子どもの行動で、「完全になめられてる」とショックを受けている佐藤さんの姿に保育者としての「頼りなさ」を感じる人がいたとしても、これまたしかたないのかもしれません。

しかしながら新人保育者の佐藤さんが、自分が語る言葉にふざけて応える子どもたちに苦慮しながら、それでも誠実にその出口を模索しようと努力している姿の中に、私は保育の可能性を感じないではいられません。それはなんといっても、こうして関係を創造する過程の中に保育実践の本質があり、その過程を記録し、実践をふり返る姿の中に、プロの保育者へと成長していくカギが潜んでいるからにほかなりません。

じつは、ほかの先輩保育者たちがノブくんやタツキくんと自然に対応している姿に「焦り」を感じた佐藤さんは、五月の段階で自分の不安な気持ちを先輩保育者に相談したことがあるといいます。そこで受けたアドバイスの内容は、「大人が譲れない『壁』のようなものをつくって対応することが大切だ」というものだったというのですが、そのアドバイスを聞きながら、子どもを叱ることができないでいる自分の姿を深く反省することになっていったと佐藤さんは語っていました。

先輩保育者のアドバイスを実践に移した六月ごろには二人との関係が少し落ち着いてきたというのですが、それから四ヵ月の間、「壁」になる努力を続けてみたものの、しだいに二人との関係は悲惨なものになっていったというのです。そのあたりの状況を、佐藤さんは次のように記しています。

叱ることができないで優柔不断な対応をくり返す新人保育者に、経験を積んだ先輩保育者がよくするのが、この「壁になれ」といった感じのアドバイスです。中には、「子どもになめられたら、保育者の言葉が通らない」とまで語る先輩保育者がいたりしますが、こうしたアドバイスが問題なのは、大切なことの一面しかしばらくすると二人とも「寝る気持ちになった」と言って部屋に入ってくる。
保育者「じゃあ、おふとんにゴロンしようか。ほかの友だちも寝てるからね」
タツキ　立ち上がり、何度もふとんのシーツを敷き直す。
ノブ　タツキを見て、同じようにふとんのシーツを敷き直す。
保育者「ねえ、寝ないと疲れてお熱出ちゃうよ！　ゴロンして！」
タツキとノブは顔を見合わせ、声を出して笑い出す。
保育者「眠る気持ちになってないなら、お友だち眠れないからお外行って！」
ノブにつられてふざけるタツキを外に出す。
タツキ「フンッ」という顔をして外に立っている。
ノブ　外にいるタツキを見て、急に外に走りはじめる。
保育者「ノブちゃんは行かなくていいの！」
こう言いながら、ノブを部屋の中にひっぱって戻す。
ノブ「いやだ！　タツキちゃんがいいの！」

一筋縄ではいかない三歳児と格闘する佐藤さんの姿が、まるで目の前に浮かんでくるような記録です。そしてそんな佐藤さんの「教育する物語」（保育者の物語）に

語っていない点にあります。保育者の毅然とした態度が子どもに有効に働くときは、必ずその前提に、子どもが保育者を信頼したくなる安心と喜びの関係を築いておく必要があるのです。そうした関係をつくることができていない段階で毅然とした態度でかかわったり、「壁」になったりしても、子どもとの間にステキな関係をつくることはできないのです。

並行する形で、たくましく自己主張しながら活動する三歳児の「生成するおもしろさの物語」（子どもの物語）がこの実践記録の中に描かれていることに気づかされます。

もっとも、ここに描き出された保育者の「教育する物語」と、子どもの中に「生成するおもしろさの物語」とが、交わることなく並行している点が気になりますが、おそらくその要因は、「壁になれ」という先輩のアドバイスにあったのだと思います。

本当は、タツキくんやノブくんとの間に「共感的応答関係」をつくる方向で可能性を探るべきだったのです。子どもの声に耳を傾ける営みは、子どもの声に共感することを起点に関係をつくりだすことを意味しています。おそらく佐藤さんも最初は、そうした関係を模索していたのだと思いますが、残念ながら親切な先輩の「壁理論」によって、そうした関係に道を拓く可能性を断ったまま、保育者として経験を重ねていったわけです。

もちろん、簡単に「共感的応答関係」をつくるといっても、実際にタツキくんやノブくんとの間に共感の関係をつくりだすことは容易ではありません。「眠くない」という子どもたちの要求に対して、「眠くないんだ」とただうなずいているだけでは、子どもの要求に「迎合」するだけの関係になってしまうからです。

この記録を書いた佐藤さんは、実践記録を持ち寄って子どもとの応答関係を分析する研究会を園内研修の柱に位置づける園に就職し、記録を書く習慣を一年目から獲得した保育者でした。もちろん、「壁になれ」とアドバイスを語った先輩保育者に悪意はなく、最善の方法と考えてアドバイスをしたわけです。しかしながら、先輩が同席する場でこの記録が議論されたことで、佐藤さんだけでなく、研究会はこの先輩保育者にとっても、自分の保育（観）を見直す機会になりました。関係創造的実践として展開される保育実践の質を高めるには、こうした省察的研究が必須になってくるのです。

6　共感的応答関係のつくり方

1）とりあえず共感の習慣

さてそれでは、子どもの発する声との間に、いったいどのようにして共感的応答関係をつくっていけばいいのでしょうか。

残念ながら、保育の世界にこうした関係をつくる特効薬のようなものは存在しません。それぞれの子どもの特性に応じて、試行錯誤をくり返す過程で、それぞれの「共感関係」を発見していくしかないのです。しかしながらそれでも、まったく打つ手がないわけではありません。

先に、保育者の対話能力は「共感力」と「ひらめき力」で構成されると整理しましたが、このうち、努力を重ねることである程度いい関係を築くことができるのが「共感力」です。たとえば私自身は「とりあえず共感の習慣」と呼んできましたが、子どもの発した言葉に「まずは共感」という感じで言葉を返していくのです。単純なことですが、この対応を意識し、習慣化することで、かなり関係は変わっていきます。それは先に紹介したタツキくんとノブくんの事例でもいえることです。

改めて書かれた記録を読み返してもらうとわかりますが、二人の言葉・行動に応答する佐藤さんの最初の言葉が、ことごとく「共感」の対極に位置する言葉になっていることがわかります。それは佐藤さんの中に、「とりあえず共感の習慣」が身体化していないことと深くかかわっているのですが、そこを少し意識するだけで、次に記す場面だってまったく違う関係になっていたと思います。

ここで『共感』の対極に位置する言葉」と呼んでいるのは、もちろん「否定の言葉」だけではありません。子どもの言葉・行動を意図的に無視する場合も、つい見落としてスルーしてしまう場合も、あるいは誤解して応答してしまう場合も、それらすべてが『共感』の対極に位置する言葉」になります。要は、子どもが「共感」してもらっていないと感じる言葉・行動は、『共感』の対極に位置する言葉」になってしまうのです。

保育者「じゃあ、おふとんにゴロンしようか。ほかの友だちも寝てるからね」
タツキ　立ち上がり、何度もふとんのシーツを敷き直す。
ノブ　タツキを見て、同じようにふとんのシーツを敷き直す。
保育者「ねえ、寝ないと疲れてお熱出ちゃうよ！　ゴロンして！」
タツキとノブは顔を見合わせ、声を出して笑い出す。

ふとんのシーツを敷き直す二人に、佐藤さんは「ねえ、寝ないと疲れてお熱出ちゃうよ！」と説得の言葉をかけるのですが、いくら佐藤さんにはふざけているように見えたとしても、ここはシーツを敷き直して寝る準備をしている場面なのです。

「ふとん、きれいにしてるんだ！　きれいになると気持ちよく寝れるもんね！」

こんな感じで言葉を返すことができたとしたら、二人だって「ウン！」と誇らしげな言葉を出しながら、佐藤さんとの会話を期待する空気になっていったのではないでしょうか。

自分の声を聴きとられた子どもの中には「安心」と「信頼」の感覚が生まれます。「安心」と「信頼」の感覚が大きくなると自分の中に余裕が生まれ、子どものほうから「対話」の準備をはじめるようになってきます。つまり、自分の声を聴きとられた子どもだけが、相手の声を自分の中に取り込むことができる、そんな人間に育っていくのです。

もっともこんなことをいうと、「そうはいうものの、子どもの行動や言動は、共感できるものばかりではありません」と反論したくなる保育者がいるかもしれません。そんな保育者におすすめしたいのが、子どもの行動や言動を二つに分割し、受け止め可能な内容だけを肯定的に受け止める方法です。

子どもの行動や言動には、必ず何か意味があります。どんなに否定的に見える行動にも、その子なりの意味が存在しています。つまり、子どもの行動や言動の中には、保育者が「受け止めることができる内容」が必ず潜んでいるのです。

子どもの声を聴き、行動を目にしたとき保育者は、瞬時に「受け止めることができる内容」と「受け止めることができない内容」の間に線を引き、自分が「受け止めることができる内容」の部分だけを受け止めればよいのです。たとえば先の事例で言うと、「ふざける」行為は受け止めることができなくても、「ふとんを敷き直す」行為は受け止めることができるのです。

重要な点は、こうして自分の行動や言葉を受け止めてもらった子どもだけが、相手の声に耳を傾ける準備をはじめるという事実の中にあります。小さな子どもたちは、自分の声を共感的に受け止めてくれない人の声を、わざわざ自分の中に取り込もうとはしません。だから、「とりあえず共感の習慣」を身につけることができると、それだけで保育者の声に能動的に耳を傾けようとする子どもを育てることが容易になっていくのです。

2）適切な時間稼ぎ

ところで、問題は「共感」より「ひらめき」です。

実際、「共感」のほうは「とりあえず共感の習慣」を身につけることである程度

は可能になるのですが、「ひらめき」の個人差を埋めるのは、やはり容易ではありません。高度な身体知として形成された「ひらめき」のほうは、努力するだけでなんとかなるほど簡単なものではないのです。

もっとも、これとてまったく術がないわけではありません。ここで有効になるのが、「適切な時間稼ぎ」と、「発達原理の意識化」です。

「時間稼ぎ」という言葉に、すでに逃げの感覚を抱く人がいるかもしれませんが、「適切な」方法を使うことで、これが意外と有効に機能するから不思議です。といっても、実際には驚くほどすごい方法というわけではありません。「共感」の言葉をくり返している間に、有効なひらめきが湧き出てくるのを待つという泥くさい方法なのですが、とにかくポイントは「共感」の言葉をくり返す点にあります。

実際、子どもの声に「共感」の言葉で応えていると、子どもの表情が変わる瞬間に出会うことがあります。自分の声を聴きとられている間に、子ども自身が、自分が本当に願っている世界に気づく瞬間がやってくるのですが、それは同時に、保育者がひらめきを感じる瞬間でもあるのです。

たとえばそうした事例を、二歳になったマサルくんと格闘する保育者の記録から考えてみようと思います。朝から履いていたズボンが汚れたのに自分からは着替えようとしないマサルくんに、着替えを促す説得をくり返していた保育者が根負けし、代わってマサルくんに向き合うことになった安田さん（仮名）が書いた記録です。

保育者「マサルちゃん、おやつだよ～」
マサル「ぐすっ……」
保育者「どうしたの？」
マサル「お着替え、しないの！」
保育者「お着替え、しないの？　あっ、もしかしてこのズボン好きなの？」
マサル「うん」
保育者「そっかあ。でも、このズボン、今日お庭で遊んだときに着てたやつだし、どろんこだよ。あっ、引き出しの中に色違いの同じのあるじゃん。こっちのほうが、石鹸のいいにおいするし、いいんじゃん」
マサル「ううん」
保育者「じゃあ、こっち？」
マサル「……」（黙ったままムスッとしながら、色違いのズボンに噛みつく）

「とりあえず共感」をする際、意外と有効に機能するのが、安田さんが無意識にしている「オウム返しの技法」です。これは、「お着替え、しないの！」と自己主張する子どもの言葉を、そのまま「お着替え、しないの？」と疑問形で受け返す方法ですが、この単純な方法が、子どもの中に「受け止められた」感覚を育てるかかわりとして、意外と大きな力を発揮してくれるのです。

かたくなに着替えを拒否するマサルくんに対して、根気よく「共感」の言葉をかけ続ける安田さんの姿に、本当に頭が下がる気持ちになりますが、それでもなかなかマサルくんの気持ちを切り替える糸口は見つかりません。

しかしながらそんな中、安田さんの中に偶然湧き上がってきたひらめきを起点に、マサルくんの行動に変化が出てきたといいます。

保育者（どうしよう……一度、間をおいて話したほうがいいかな）「それじゃあ……先におやつ食べてから考えるにする？　今日は、夕方お散歩行くんだって」

マサル　首を横に振る。

ふとカレンダーを見ると、明日はマサルの誕生日。

保育者「マサルちゃん、明日お誕生日だね。三歳だね」

マサル「……」

保育者「おうちで大きくなったお祝いするかなあ～。二歳から三歳になると、一つ大きくなるでしょ？　だから、できることも一つ増えるんだよ。今みたいに、イヤイヤ～って思ったときに、『イヤイヤ～、だけど、ちょっとがまん』ってがまんができたり、『ま、いいかなあ』って思えるようになったりね」

マサルくんとやりとりする過程で安田さんの頭の中に浮かび上がってきたのが、自分を「切り返す」力の大切さです。これはちょうど園内の研究会で学んだ、「〇〇したい、だけれども〇〇する」と現在の自分を切り返し、新しい自分をつくりだす力を育てることの大切さを思い出し、話したものだといいます。少し観念的で、説明的になっている点は気になりますが、こうして大人がまじめに語る言葉が、子どもには意外と理解でき、自分の行動を変える力になったりするから不思議です。

マサル（ちょっと間をおいて……）「着替える！」

安田さんがマサルくんの誕生日に気づいたのは本当に偶然だったのですが、でもこの偶然を引き起こしたのは、やはり安田さんが根気よく「共感」の関係をつくりだした点にあったのだろうと思います。完全に並行した関係としか思えない最初のやりとりをくり返すときも、「一度、間をおいて」と自分に問いかけるときも、あるいはふとカレンダーに目をやるときも、安田さんが対話する関係を模索していた点が重要です。

そしてそれはマサルくんの場合も同じで、自分の声に「共感」の言葉で応えてくれる安田さんの声を聴きながら、幼いながらも自分自身との対話をはじめていたのだと思います。安田さんがマサルくんの声を受け止めている間に安心と信頼の感覚が生まれ、そこで生まれた少しの余裕が、「新しい自分」をマサルくんの中に生成する力になっていったのです。その後のマサルくんの行動を見ていると、揺れながら大きくなる心のうちが、手に取るようにわかる気がします。

保育者「そっか、着替えるにしたんだね。マサルちゃんも、明日大きくなるもんね」

その後、自分で色違いのズボンに着替えてからおやつを食べ、みんなと一緒に散歩に行った。そして散歩から帰ったマサルちゃん、水分補給のためにコップに入れておいた麦茶を一気に飲んで、
マサル「はあ〜！　マサル、いっぱい飲んだから、大きくなるの！」

ここで大切なのは、この関係の中で安田さんが一方的にマサルくんを変えたわけではない点にあります。「新しい自分」に脱皮しようとするマサルくんのたたかいと、安田さんの声との間に響き合う関係が生まれた点が重要なのです。

興味深いのはこんな経験をしたマサルくんが、その一週間後に見せた行動と言葉です。小学生が園に保育参加にやってきたとき、保育者の足の下を潜ってスーッと泳ぐ姿を見て、三歳の誕生日を迎えたマサルくんを含め、園児たちがワニ泳ぎで顔つけを挑戦した場面が次のように記されています。

マサルくんは、大きい子たちの姿を見て挑戦しようとするが、どうしてもうまくいかず途中で断念し、立ち上がって保育者に語りかけてきた。
マサル「マサル、三歳だから！」
保育者「そうだよね、三歳だからむずかしいよね！」

再度挑戦をすすめるが、ちょっといじけた様子でほかの子の様子を見ている。
その後、足のトンネルを少し高くして、ほかの子も通れるようになってきた。
それを見てマサルも再度挑戦し、今度は成功する。
保育者「やったね、マサルちゃんできたね！」
マサル「マサル、三歳だから！」

この場面を安田さんは、「三歳だからできない」という意味と、「三歳だからできる」という意味を、同じ「三歳だから」という言葉で使い分けるマサルくんのことを「おもしろい」と感じたと記していますが、おそらくそれは「葛藤する自我」がマサルくんの中に芽生え、マサルくんの育ちの課題が新しいステージに移行しつつあることの証なのだろうと思います。そしてそうした変化のきっかけが、「とりあえず共感の習慣」をくり返す過程で、安田さんの「ひらめき」として生成していった点がおもしろいのです。

7　対等性・事実主義・葛藤原理

じつは、この場面を見ているとわかりますが、保育者の「共感」と「ひらめき」の間には、瞬間的に立ち上がる「子ども理解」の世界が存在しています。「共感」の関係をくり返しているうちに「子ども理解」の世界が立ち上がってきて、それと同時に子どもに働きかける手立てがひらめいてくるのです。

つまりそう考えてくると、「ひらめき」の質を高めるためには「子ども理解」のレベルを上げていけばいいことがわかります。それは、「子ども理解」の質が高まれば、必然的に「ひらめき」の質が高まってくるからですが、それでは、保育の中で「子ども理解」の質をどのように高めていけばいいのでしょうか。いやそれよりも、そもそも「子ども理解」とは、子どもの何を、どのように理解することを意味しているのでしょうか。

たとえばこうした問題に関連させて、教育学者の坂元忠芳さんが教師の子ども理解について、次のように述べたことがあります。

より人間的な発達を目ざして、子どものなかに新しく内的矛盾をつくりだすという仕事は、子どもの内面の自己運動を促すことであり、子どもを「まるごとつかむ」とは、まさにこのような子どもの内面の運動に、教育実践が入りこむということである。

坂元忠芳『教育実践記録論』あゆみ出版、一九八〇年、二七頁

これは、おもに小中学校の教師に向けて坂元さんが語った言葉ですが、もちろん保育においても有効な言葉です。坂元さんがこうした議論を展開した一九八〇年代は、「子ども理解」という言葉ではなく「子どもをつかむ」という言葉を保育者・教師は積極的に使う傾向がありました。これは、「子ども理解」という言葉が、子どもより一段高いところから教師・保育者が専門家として子どもを「理解」するというニュアンスを持っているのに対して、子どもと対等な関係で向き合おうとする実践者が、子どもを一人の人間として尊重する意思を意識的に表現する用語として選択され、使用された言葉だったのです。

がいずれにしても坂元さんは、このように「子どもをまるごとつかむ」とは、「子どもの内面の運動に、教育実践が入り込む」ことだと説明しました。ここで「子どもの内面の運動」というのは、子どもが自分の中に矛盾を抱え込み、「葛藤す

坂元さんがこうした議論を整理した『教育実践記録論』は「実践記録論」の古典というべき一冊ですが、保育実践記録について考える際にも多くの示唆を与えてくれます。教育実践記録を「教師の生活綴り方」と位置づけるこの本は、「教育実践」という用語を「子どもの中に科学的な知性と、人間的な生き方の自覚を育てようとするリアリズムとヒューマニ

る自我」に向き合うことを意味していますが、そうやって自らたたかっている子どもの内面が見えたとき、保育者・教師は子どもを「つかんだ」と言うのだと坂元さんは言っているのです。

そして、保育・教育がそうやって葛藤する子どもの「内面に入り込む」ことの意味を、さらに次のように語っています。

教師が子どもに要求する（発達の）目標が子ども自身の要求にどのように転化するか、をぎりぎり見極めながら、その切り口を子どもの内面の中に見出して、それに働きかけることにほかならない。……同前

じつは、先に「発達原理の意識化」と言ったのは、まさにこのように子どもの内面に生成する発達のダイナミズムを、意識的につかむ（理解する）ことを意味していました。子どもは外から働きかけられて自分を変える（発達させる）存在ではなく、あくまでも自分自身の内面のたたかいをへて発達する存在なのです。

もっともそうはいうものの、実際には表面的にしか子どもを理解できない保育者がいることも事実です。とくに「心の形（人格の構造）」を形成しつつある乳幼児は、自分自身の行動の意味を、自分でも理解できていない場合が普通に存在するわ

ズムの実践として自覚」したものと分析し、そうした課題意識にもとづいて展開される実践の記録として発展させてきた歴史があると、日本の教育実践記録の歴史を分析しています。

けですから、子どもの内面に「入り込」み、「内面の運動」を理解することは、決して容易な営みではないのです。

たとえば、自由遊びの時間に友だちのつくったものを片っ端から足で壊して回り、そばにいる子どもをすれ違いざまに無言で押したり、たたいたりをくり返す二歳九ヵ月になるミキオくんの行動に手を焼いた担任保育者が、フリー保育者の森さん（仮名）に言い聞かせてもらうために職員室にミキオくんを連れてきたときのやりとりが、森さんの手で次のように記されていました。

保育者「ミキオくん、どうしておもちゃを壊しちゃったのかな？　欲しかったの？」
ミキオ「欲しかった」
保育者「欲しかったんだね。欲しいときは『カシテ』って言おうね。ミキオくん、お友だちのおもちゃ、壊しちゃったから、お友だち悲しいよ。もうしないでね」
ミキオ「……」
保育者「ミキオくん、またおもちゃ、壊しちゃう？」

地域の保育者たちが自分たちの実践記録を持ち寄って研究会を展開する「自主研究会」で発表された実践記録の一つが、この森さんの記録でした。園長たちが会の準備から運営を担当し、新人からベテランまで参加したい人が自由に参加するユニークな研究会ですが、日常的に実践研究の時間がとれない中、年に数回の研究会を工夫して実施し続けていることに頭が下がります。ベテランの保育者も率直な記録を提出し、園内の人間関係をこえたところで対等に語り合えるところが魅力的です。

ミキオ「壊しちゃダメ」
保育者「また、お友だちを、たたいちゃうの？」
ミキオ「たたかない！」
保育者「じゃあ、お部屋で約束しようね」
こう語ったあと、ミキオと一緒に保育室に戻り、担任の前で話をした。
保育者「お約束、なんだった？」
ミキオ「もうおもちゃ、壊さない」
担任保育者「わかった。ミキオくん、お友だちのおもちゃ、壊さないでね。ミキオくんも欲しかったら、先生も一緒につくるからね」
ミキオ「うん」
しばらくの間、じっと部屋全体を見回し、無言で友だちのつくったブロックや高く積み上げた積み木を足で蹴飛ばして壊した。そしてそばにいる子の頭を軽くたたいて回っていた。

最初から説得することを前提に連れてこられたわけですから、かかわった森さんの「共感」と「ひらめき」に足りない部分があるのは、これはある程度しかたないと思います。それにもかかわらず、森さんが穏やかな口調でていねいにかかわろう

保育の場面でよく見かける光景ですが、「問題」行動を起こす子どもを、ただ叱ってもらう（言い聞かせてもらう）ためだけに、園長や主任保育者のところに連れてくるやり方は、やはり慎んだほうがいいと思います。その場にいない保育者に解決を託す方法は、保育者の「思い込み」と「決めつけ」を保育者間で共有することを前提にしているのですが、それは「自分の声」を聴きとってもらえないつらさを、子どもたちに二重に経験させることを意味しています。ここはやはり、時間と空間を共有した保育者が子どもと対話する努力をしていくしかないのです。そしてそのてんまつを記録して、保育者間で対話の質を高めるための省察（反省）をくり返していく必要があるのです。

とする姿勢を堅持していることが、まずはステキだと思います。

しかしながらそれでも、この森さんの声がミキオくんの心に届かないのにはいくつか理由があります。

一つ目は、こうした**緊張感の高い「向き合った」関係の中で、子どもは自分の声を発しようとしない事実**です。よく保育者は、「先生の目を見なさい！」と言いながら言い聞かせようとしますが、この「向き合った」緊張感の高さは子どもの声を奪います。同じように話す場合でも、**「横並び」の状態に変えることで、両者の間に「対等性」をつくりだす**ことが可能になるのです。

二つ目に問題なのは、この時期の**子どもの行動を、言葉で統制しようと躍起になっている点**です。子どもの行動を言葉で統制する「言葉主義」で保育すると、いったんは「わかった」と「約束」するものの、自分で獲得したものではないので、保育者がどんなに穏やかに、やさしく語りかけたとしても、自分自身を統制する力に転化していかないのです。

こうした「言葉主義」の脆弱性をこえるために有効なのが、**経験した事実を語る「事実主義」**の会話です。実際に経験した事実を語っているうちに、子どもの頭の中にその場面が再現されてきて、自分で考える時間がつくられます。そうやって自分で考える「足場」をかけることができると、あとは子どもが自分自身で考えて、判断していくのです。

そしてこれに関連して、**ミキオくん自身の「内面の葛藤」をつくりだすことができていない点**が三つ目の問題です。**子ども自身が葛藤をくぐり、自分自身で考え、悩む場面をどのようにつくりだすかという発想**が重要になります。先に坂元さんが「子どもの内面の運動」と呼んだのはこのことで、子どもの中にこうした葛藤をつくりだす点に、まさに保育者の役割があるということなのです。ここではこうした保育の原則を**「葛藤原理」**と呼んでおくことにします。

もっとも最初にふれたように、この事例は問題行動をやめないミキオくんを説得するために担任保育者が森さんのところに連れてきた場面の記録です。そんな場面で、**「対等性」「事実主義」「葛藤原理」**という対話の三条件を満たすことが、まず困難と考えるべきかもしれません。

しかしながらそれでも、最初に指摘した「向き合った」関係を、「横並び」の関係に変えることは可能です。そしてそうやって座り方を変えるだけで、おそらく交わされる会話の中身も違うものになっていたのではないでしょうか。

たとえば、まったく同じシチュエーションで、問題行動をくり返す倫太郎くんに、園長の園子先生が語りかけるシーンが、灰谷健次郎さんの小説『天の瞳』に出てきます。砂場のトンネルを壊された子どもの「告げ口」をきっかけに、担任のリョウコ先生が園子先生のところに倫太郎くんを連れてきたとき、倫太郎くんの隣に横並びに座った園子先生が、倫太郎くんと交わした会話です。


「倫太郎ちゃんはトンネル遊びが好きよね」

倫太郎はもうひとつ、こっくり首をひねった。

「お母さんのお迎えが遅くなったとき、倫太郎ちゃん、ひとりでたくさんたくさん、トンネルを掘ったもんね」

倫太郎はうなずく。

「あのときも、おしまいにトンネルをみんな壊しちゃった。わたし、見ていたんダ。倫太郎ちゃんは、とても楽しそうだった。倫太郎ちゃんはトンネルを作るのも、壊すのも好きなんダ。そうでしょう?」

倫太郎はあごを引き、ちょっと威張った感じでうなずいた。

「倫太郎ちゃんがひとりでトンネルを掘って、そして壊しても誰も何にもいわなかったのに、みんなで作ったトンネルを壊した時には文句をいわれちゃった。そ

『天の瞳』は一九九四年から一九九五年にかけて読売新聞に連載された新聞連載をもとに、新潮社から全九冊のシリーズとして刊行された教育小説です。新設保育所入園予定の八名の幼児が、園長就任予定の園子さんの自宅で集団生活を開始するところからはじまる小説は、主人公である倫太郎くんが三歳から青年期に至るまでの「発達の物語」を、子どもとおとなの多様な「物語」を交えながら描いたユニークな内容になっています。この時期、作者の灰谷健次郎さんを中心に、実際に神戸に保育所を開設したこともあり、そこでの経験を反映したものとして出版当時話題になったことが記憶にあります。とくに「幼年編」に関しては、保育小説として読み直してみると、興味深い内容がちりばめられていると思います。

うよね、倫太郎ちゃん」

倫太郎は少し考えて、それからこっくりうなずいた。

園子さんはそのことについて、それ以上、何もいわなかった。

「倫太郎ちゃんはこれからトンネルを百、作るかな。千、作るかな。一万かな。それから、トンネルを百、壊すかな。千、壊すかな……。」

園子さんは楽しそうにいった。

元気をとり戻した倫太郎は、

「あのね、あのね。一万がね、三十個ォ」

と目をきらきらさせていった。


灰谷健次郎『天の瞳　幼年編Ⅰ』新潮社、一九九六年、二一五～二一六頁

どうですか。小説の中ではありますが、横並びの関係（**対等性**）で、事実を語り合いながら（**事実主義**）、「現在の自分」から「未来の自分」へと橋渡しする「内面の葛藤」（**葛藤原理**）を明るく引き出す対応になっていることがわかると思います。

そしてこの三条件がそろうことで、倫太郎くんが能動的に自分を「物語る主体」に変化していることがわかると思います。


神戸で起きた連続児童殺傷事件の犯人の写真を新潮社が雑誌に掲載したことに抗議して灰谷さんが版権を引き上げ、その後、角川書店から再刊・発行され、現在に至っています。

8　自由を求める保育実践

さてそれでは、森さんの場合、穏やかな語り口から入ったのに、どうしてミキオくんを説得する方向に向かっていったのでしょうか。いや、森さんだけではありません。実際にはここに示した対話の三条件（**対等性・事実主義・葛藤原理**）など忘れてしまい、子どもを説得することに躍起になる保育者のほうが多いように思います。それはいったいどうしてなのでしょうか。

それは保育をめぐる「無意識の管理主義」のようなものが、保育の現実を支配していることと無関係ではないと私は考えています。いや、もう少し正確に言うなら、「無意識の管理主義」を起点に、あるべき集団生活に向かって「巧みに」子どもたちを誘導していく「適応主義」の保育思想を、実践する保育者が無意識のうちに身につけているということなのかもしれません。そして森さんの場合は、そうした「適応主義」の保育思想を、ごく自然な形で実践したということなのだろうと思います。

教育学者の城丸章夫さんが、教育における管理主義には「取締り主義的管理主義」と「事務主義的管理主義」という二つの側面があると語ったことがあります。この中で城丸さんは、「事務主義的管理主義」の広がりの結果、「教育活動が子どもの心に働きかけるのではなく、事務でも行うかのように、機械的・形式的これに対して園子さんは、こうした「無意識の管理主義」を拒否する感性を持っていたのだと思います。子どもたちを大人の都合のいいように「適応」させることを拒否する「無意識の自由主義」とでも呼ぶべき感性が、倫太郎くんとの関係をつくりだす「とっさのひらめき」の起点となった点が重要です。

もちろん、園子さんには「無意識の管理主義」を拒絶する感性だけでなく、そうした感性を起点に、つくるべき保育の理想があったのだろうと思います。小説の中で園子さんは、そんな保育の思想を理念的に語ったりしませんから、その内容を勝手に断定することはできないのですが、それでもその先にあるものが「自由を求める保育実践」といった言葉で表現できるものであることは容易に推察できます。

ただし問題は、いくら「自由を求める保育実践」という言葉で表現したとしても、あるいはその背後にある思想を「自由を求める保育思想」と表現したとしても、その内容が抽象的で、実践の具体的な姿を構造的に整理できていない点にあります。その点はこれまでくり返し語られてきた「子ども主体の保育」や「子ども中心の保育」の場合も同様で、イメージは鮮明に打ち出すものの、その内実をあいまいにしたまま今日に至っているのが現実なのです。

この点、森さんの中にある「無意識の管理主義」と「適応主義の保育思想」は具体的です。もちろん、言語的に整理されていない点に関しては、「適応主義の保育

に行われていく」教育の「事務化・実務化」が促進される問題を指摘しています。（城丸章夫『管理主義教育』新日本出版社、一九七八年）

思想」も「自由を求める保育思想」も同様なのですが、なんといっても「無意識の管理主義」と「適応主義」は保育者自身が経験してきた教育の中で身につけた価値観なのです。自分の中に形成された常識を再生産すればいいわけですから、深く考える必要などないのです。

これに対して「自由を求める保育思想」は自分自身が経験したことのない新しい価値観であり、思想です。こちらのほうは、自分の感覚だけで実践するととんでもない方向に進んでしまいます。進むべき道を誤らないためには、どうしても実践の羅針盤となる確かな理論が必要になってくるのです。

がそれでも、園子さんがこの困難な道を選択し、「自由を求める保育思想」にこだわるのには、やはりそれなりの理由があるのでしょう。それは、森さんを含めて多くの保育者が疑うことなく受け入れてきた「適応主義」の価値観に違和感を覚え、その対極にあるものに真実を見出す感覚を、身体レベルで獲得してきたことに起因しているのだと思います。そしてその感覚が、たとえその先の理論があいまいであっても、迷わずその方向に向かって自らを突き動かしていく、強い力として機能している点が重要です。

こんなことを考えているとき、ふと頭に浮かんできたのが、子どもに育てるべき三つの力の一つに「だまされない力」をあげていた教育学者の矢川徳光さんの議論です。

矢川さんの主張を最初に読んだとき、「だまされない力」を目標にあげるなら、「真実を求める力」のほうがわかりやすいのではないかと考えたのですが、それに続けて書かれていた次の文章を読んで、妙に納得したことを覚えています。

> 「だまされない力」をもつ人間とわたしが言っているものは、積極的な〝おおしい力〟を身にも、心にも、つけている人格を指したものです。そのような力のことを、近代「唯物論の第一の創始者」（エンゲルス）とよばれたフランシス・ベーコンは「知識は力である」という名言で意味させていました。ベーコンのいう力はウソ（偶像や偏見）にだまされないで、これを打ち砕く知性の力をさしているものだったのです。

矢川さんは現代社会において「子どもに育てる力」として、この「だまされない力」に加えて「手をつなぐ力」と「平和を守る力」という二つの力をあげています。「ホモ・パティエンス」という言葉を使いながら「がまん人間」の育成が教育政策として推進される中、一般に「徳」と訳されることの多いヴァーテュー（virtue）の育成を、矢川さんはその対抗概念として打ち出しました。そしてこのヴァーテューを「徳」ではなく「おおしい力」と訳して、現代教育の目標論を語ったのでした。
（矢川徳光『教育とはなにか』新日本出版社、一九七三年、一三一頁）

こうして矢川さんが「だまされない力」と語っている人間の力を園子さんの感覚で表現するなら、さしずめ「管理されない力」とでも呼ぶことができるでしょうか。この「無意識の管理主義」に抵抗する感性は、保育実践を創造する上で決定的に重要な力になってきます。なぜなら、正しくないことを拒否することができると、少なくとも自分の実践が「まちがった」方向に向かっていないことには確信が持てるからです。

さてこのように考えてくると、同じように語られた子どもの声が、その声を聴きとる保育者によって、まったく異なる意味に変えられてしまうことがわかります。そしてその場合、子どもの声に最初の意味を与え、その声に新たな意味を付与する役割を果たしているのが、保育者の中で経験知・身体知として形成された「直観」の世界だという点が重要です。

たとえば、保育者の中に形成された「直観」の世界は「無意識の管理主義」と「無意識の自由主義」とに二分され、そのどちらの「直観」で聴きとるかによって、子どもの声の解釈と、その声を導く方向に違いが出ることを、森さんと園子さんをモデルにこれまで考えてきました。

この二つの「声」の聴き方の違いを整理したのが**図1**です。森さんタイプの保育者は、子どもの声を「無意識の管理主義」で受け止め、そのまま「適応主義」の方向に、ごく自然な形で誘っていく点に特徴があります。これに対して園子さんタイプの保育者は、「無意識の自由主義」の感性で子どもの声を受け止めたあと、これまた自然な道筋として「自由を求める保育実践」の方向に子どもの声を誘っていくことになるのです。

もっともその場合、「無意識の管理主義」と「適応主義の保育思想」とが最初からセットになっているのに対して、「自由を求める保育思想」のほうは、「自由」を求めるイメージこそ鮮明なものの、具体的な実践の内容と方法があいまいなわけですから大変です。「自由を求める保育実践」をつくっていこうとすると、子どもの声に応答的に応えながら、答えのない保育の出口に向かって、試行錯誤をくり返す必要が生じてくるのです。

おそらく実際の保育の現場では、森さんタイプの保育者のほうが圧倒的に多数なのだと思います。そしてそれゆえ、たとえ「子ども主体の保育」といった言葉で保育の思想が語られ、「子どもの声」を起点に保育実践をつくりだす必要性が強調されても、「子どもの声」を受け止めて、さりげなく「適応主義」の実践へと誘う保育を、多くの保育者が、無意識のうちに実践しているというのが現実なのだろうと思います。

しかしながら、そうした保育の常識を、根本から問い

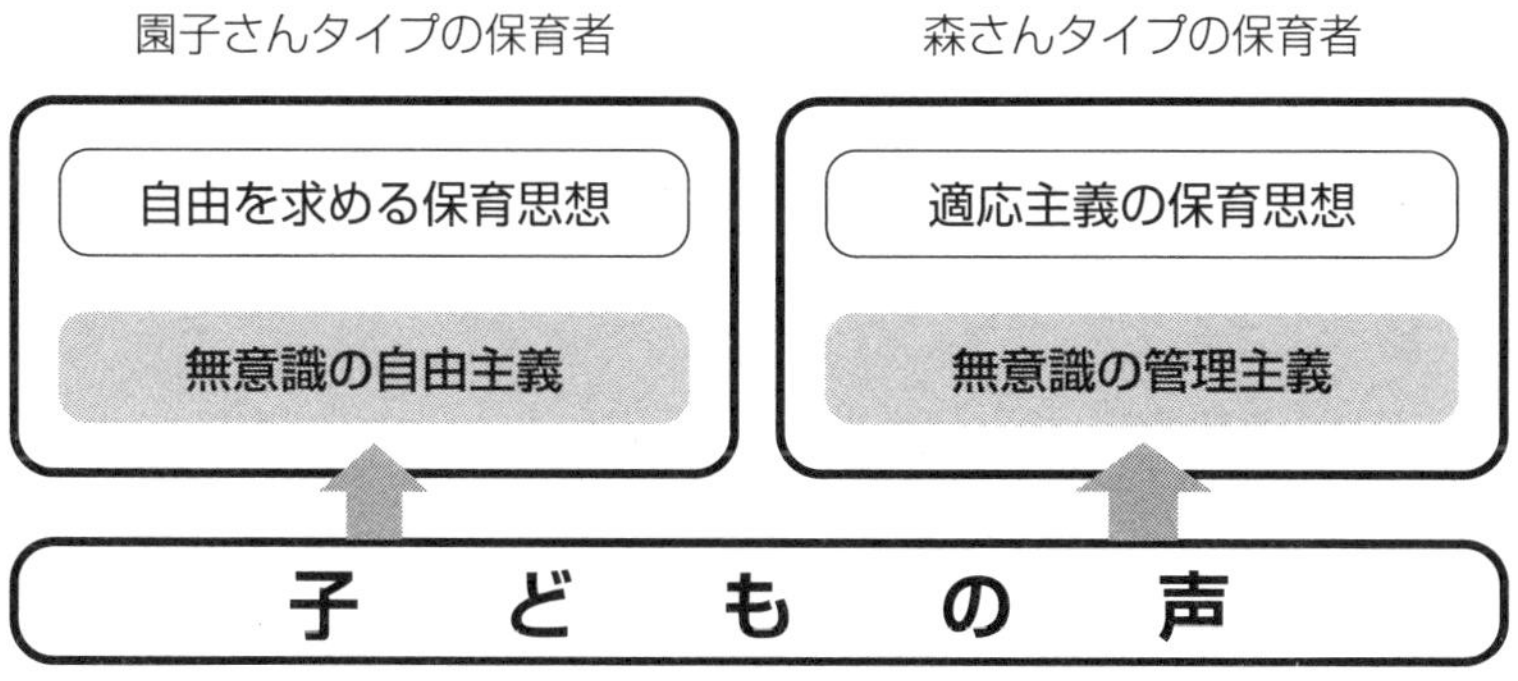

図１　無意識の保育観が聴き分ける子どもの声

直すことが求められているのが、現代という時代なのです。「子どもの声」に耳を傾け、聴きとった「声」を「市民の声」として尊重し、子どもたちが園生活の主人公となる保育実践を創造することが、時代の課題として求められているのです。

そうした時代の課題に応えるために、一九九〇年代に入るころからさかんに語られるようになった「意味をつくる主体」として子どもをとらえる子ども観と、「声を持った主体」として子どもを尊重する議論に、次章では向き合ってみることにします。

第2章

声を持つ自由　発達する自由　協同する自由

子どもの権利条約時代の子どもの声

1　子どもは意味をつくる主体

1）意味生成の知的能動性と知的創造性

子どもを「一人の市民」として尊重する思想が広がりを見せる一九九〇年代に入るころから、こうした議論に並行する形でさかんに論じられるようになったのが、「意味をつくる主体」として子どもを尊重する子ども観です。

「意味をつくる」という言葉は meaning making という英語を直訳したものですが、「意味作成」「意味生成」と訳されたりもするこの言葉は、子どもの知的能動性と、知的創造性を表現する言葉として選択され、使用されてきました。

「意味をつくる」という言葉の語感から、これが乳幼児の知的能動性を表現したものだということは、おそらく誰もが直感的に理解できると思います。乳幼児が大人に教えてもらわなければ自分では正しいことを判断できない存在だと考える受動的な子ども観に対する対抗概念として打ち出されたのが、「意味をつくる主体」と

一九五〇年代後半に一世を風靡した「認知革命」をリードした心理学者のJ・S・ブルーナーは、この「革命」が「意味を、心理学の中心概念として定着させようと」したものだったと後に述べています。（ブルーナー『意味の復権〈新装版〉――フォークサイコロジーに向けて』岡本夏木・仲渡一美・吉村啓子〔訳〕、ミネルヴァ書房、二〇一六年）

そのころから、心理学や社会学の世界を中心に「意味作成（生成）」という概念を使った研究がさかんに展開されるようになってきた経緯があります。ブルーナー自身はこの「意味生成」を、「世界とのもろもろの

いう子ども観だったわけです。

しかしながら、能動性を表現するmakingだけでなく、そうやってつくりあげるmeaningのほうに、じつはもう一つの重要な意味があることを見落とすわけにはいきません。

ここで「意味」というのは、「AはBである」という命題のBに該当する部分だと考えればいいと思います。たとえば、「リンゴは甘酸っぱい」という場合、「リンゴ」が一般性・同一性をもって使用される「記号」の世界だとしたら、「甘酸っぱい」が個人的な体験にもとづいて形成された「意味」世界に該当します。

もちろんリンゴを食べたとき、「甘酸っぱい」という味覚を感じるだけではありません。「シャキシャキする」という食感や、表面の「ツルツル」した感覚や「赤い」色といった多様な感覚を、身体の中に「意味」世界として刻み込んでいくのです。

つまり、子どもが経験する「意味」世界は、個人的な体験として身体に刻まれていくと同時に、多様な「意味」を混然一体の状態で取り込みながら形成されていくのです。そしてそうやって形成した「意味」の世界が、やがて一般性・同一性の特徴を持つ「記号」と結びついていくわけですが、じつは両者が結びつく前に（あるいはそれとほぼ同時に）、混然一体の状態で自分の中に存在している「意味」世界

出会いを、適切な文化的文脈の中へ位置づけてゆく営みを含みながら、その出会いの「意味」が「個々人の中に表現され」る営みと説明しています。（J・S・ブルーナー『教育という文化』岡本夏木・池上貴美子・岡村佳子［訳］岩波書店、二〇〇四年）

「記号」と「意味」の関係を、シニフィアン(signifiant)とシニフィエ(signifié)というフランス語で定式化したのはスイスの言語学者F・ソシュール(Ferdinand de Saussure)でした。「能記」と「所記」という翻訳でこの言葉は広がっていきましたが、もう少しわかりやすく「意味するもの」「意味されるもの」という語で説明されたりもしてきました。最近では、「記号表現」と「記号内容」という言葉で説明されたりもしています。

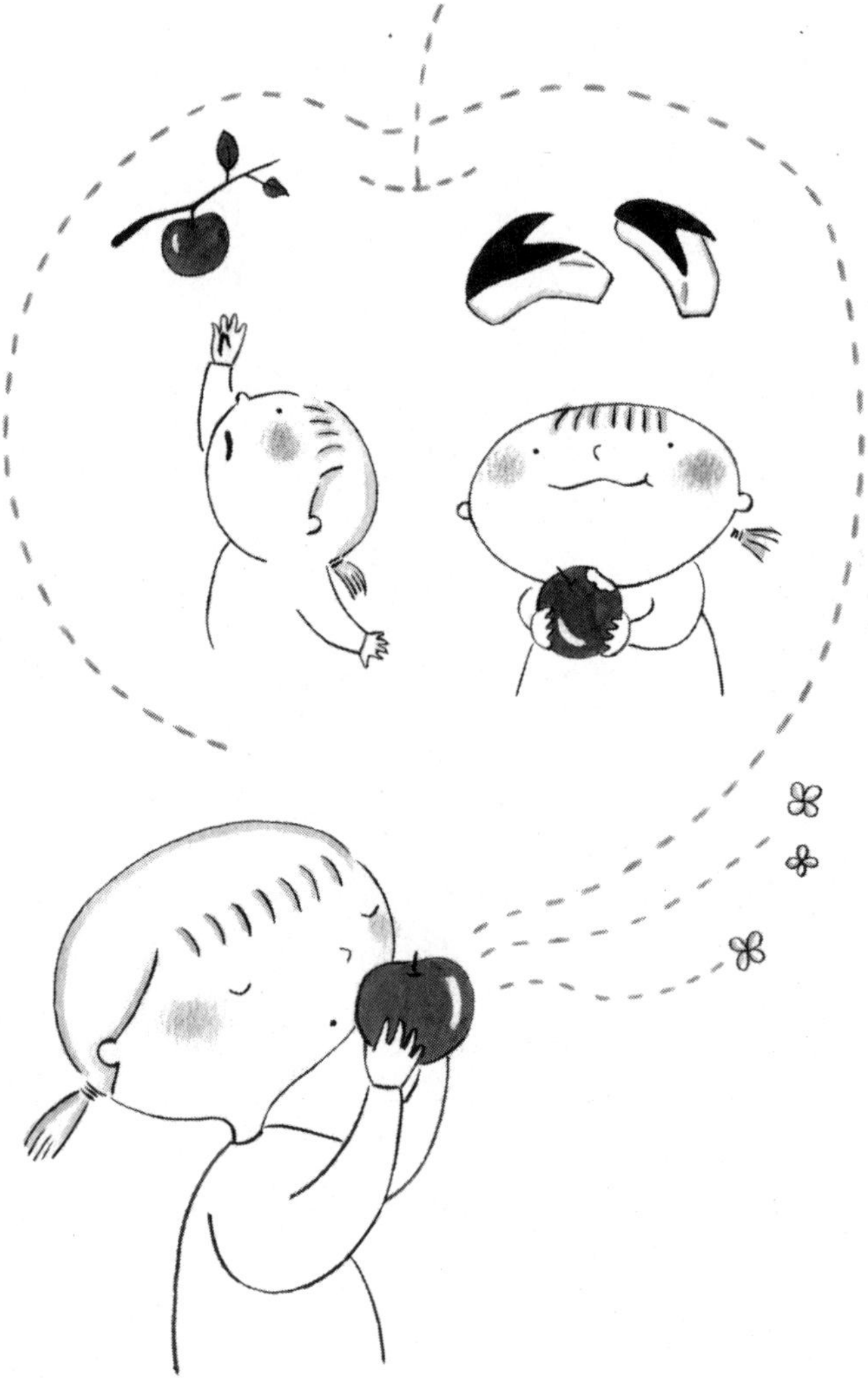

を、子ども自身が「体制化された知の世界」へと整理していく点が重要です。イヌとネコの間に線を引き、「冷たい」と「熱い」の違いがわかり、動くことを表現する動詞に「活用」のルールがあることを自分自身で認知し、「知の体系」をつくりあげていくのです。

つまり、「意味をつくる主体」として生活する乳幼児たちは、こうして「知的創造性」をフルに発揮しながら毎日を生きているのです。

(2) 意味生成の個別性・協同性

こうした形で展開される知的営みを「意味をつくる」営みと呼び、そうやって活動する子どもを「意味をつくる主体」もしくは「意味生成の主体」と呼んでいるのですが、このように考えてくると、子どもを「意味生成の主体」と位置づける議論には、もう一つ大切な主張が込められていることがわかってきます。

それは、「意味生成」の個別性にかかわる問題です。

子どもが経験を通してつくりだす「意味」の世界は、常に**個別性・差異性・偶発性**に支えられて形成されていきます。つまり、子どもがつくる「意味」世界には、二つとして同じものが存在しないということなのですが、それは子どもがつくりだす異質な「意味」世界を尊重し、個別性・差異性の原理でつくりだされた世界を起点に保育実践を創造することを求めることになっていくのです。

ところがこれまでの保育実践の常識は、それぞれの子どもがつくりだす異質な「意味」世界をいったん受け止めて、その後、集団性・同一性・計画性にもとづく価値の方向に、「巧みに」誘い入れることを重視するものでした。

実際、日本の保育者は、頭の中では「みんなちがってみんないい」と多様な子どもの存在を肯定的に理解する思想を持っているのです。ところがいざ子どもを前にすると、とたんに「みんな同じがじつはいい」という感じで、みんな一緒に行動する方向に身体が動いてしまうのです。それは多くの保育者が、「みんな一緒主義」と「みんな一体主義」を重視する学校教育の中を、懸命に生きてきたことと無関係ではありません。身体の中に形成された当たり前の感覚が、子どもを前にして自然に表出されてしまうのです。

しかしながら、子どもを「意味生成の主体」と考える子ども観は、そうした保育の常識を否定し、克服することを私たちに要求しているのです。差異と多様性を基礎に子ども同士がつながり合っていく新しい人間集団の形を、保育の場からつくりだしていく課題に挑戦することを求めているのです。

子どもを「意味生成の主体」と考える議論の国際的動向に関しては、ロンドン大学のピーター・モスさんたちがまとめた『「保育の質」を超えて』の第5章に整理された「質の言説を超えて意味生成の言説へ」が参考になります。（グニラ・ダールベリ、ピーター・モス、アラン・ペンス『「保育の質」を超えて――「評価」のオルタナティブを探る』浅井幸子［監訳］ミネルヴァ書房、二〇二二年）

2 リスニングの保育実践論

知的能動性と知的創造性を働かせながら活動する子どもたちがつくりだした「意味」世界を、多様な手段を用いながら表現したものが子どもの「声」です。つまり、「意味生成の主体」は同時に「声を持った主体」として存在しているわけです。子どもたちを「意味生成の主体」として尊重しようとすると、当然のことながらその「声」にていねいに耳を傾け、その「声」に適切に応答する保育実践の創造が求められることになってきます。

たとえば、このように「子どもの声」に焦点を当てて展開する保育実践を「リスニングの教育学（pedagogy of listening）」という言葉で語るカルラ・リナルディ（Carla Rinaldi）さんは、この「リスニングの教育学」を「話すことよりも聴くことに基づくアプローチ」と定義した上で、その内容を次のように整理しています。

子どもたちのことを、自ら理論をつくりだし、判断し、疑問を持つ主体である

pedagogy of listening は「傾聴の教育学」と訳されることが多いのですが、カウンセリングや介護の領域で「傾聴」という言葉が、かなり具体的な「技法」とともに定式化されて使用されていることもあり、ここではあえて日本語に訳さず、「リスニングの教育学」もしくは「リスニングの保育実践論」という言葉を使用することにします。

こと、そして知識を構築するプロセスの主人公であると考えるなら、教育実践において何よりも大切にしなければならない動詞は、「話すこと」「説明すること」「伝えること」ではなく、「聴くこと」なのである。

Carlina Rinaldi(2006) *In Dialogue with Reggio Emilia : Listening, researching and learning*. Routlege. p.125-126
ここに紹介した訳文は原文から翻訳したものですが、この本は里見実さんによって訳出されています。（カルラ・リナルディ『レッジョ・エミリアと対話しながら——知の紡ぎ手たちの町と学校』里見実［訳］、ミネルヴァ書房、二〇一九年、二四七～二四八頁）

さらっと書いてありますが、これはけっこう大きな問題を私たちに投げかけている言葉だと思います。たとえば、リナルディさんの言葉を逆の立場で読み直すと、それはこんな感じになるのだと思います。

もしあなたがたが、子どものことを自分では理論をつくることができない、判断することができない、疑問を持つことができない、そして経験した知識を一つのシステムにまとめあげることができない存在だと考えるなら、あなたがたは子どもの声を聴くことよりも、子どもたちにたくさん話すこと、説明すること、教えること、伝えることを大切にしてください。

子どもは自分で自分の答えをつくりだそうとする主人公です。本当のことを探求しようとする主人公なのです。子どものそばにいる大人が、いつも子どもに教えることばかりしていたら、自分で考え、自分で判断する力を奪うことになってしまいます。自分で理論をつくり、考え、判断し、疑問を持つことができる主体として子どものことを尊重するから、保育者は子どもの声に耳を傾け、むずかしい課題にチャレンジする姿に寄り添っていくことを大切にするのです。

こういう視点に立つと、子どもにたくさん話すことで責任ある保育をしていると錯覚している保育者は、もうそれだけで対話する保育実践の反対側にいることがわかります。たとえそれが保育者の善意から出たものであったとしても、子どもたちに説教し、説明し、伝えることに躍起になる「教えたがり病」から解放されないかぎり、「意味をつくる主体」として子どもを尊重する実践をつくることはできないのです。そしてそういう意味で、「リスニングの教育学」は「意味をつくる主体」として子どもを尊重する保育・教育への転換を象徴する用語として選択され、使用されるようになってきた言葉なのです。

3　背後で広がる子どもを権利主体と考える思想

ところで、こうしたリスニングの保育実践論がさかんに展開されるようになるのは一九九〇年代に入るころからだと先ほど紹介しましたが、その背景に「子どもの権利条約」の存在があることに重要な意味があります。一九八九年に国連総会で採択された「子どもの権利条約」は、近代以来発展させてきた子どもの権利を多面的に規定した国際条約ですが、中でも大きな意味を持っているのが、一般に「意見表明権」という言葉で説明される第一二条の内容です。

締約国は、自己の意見を形成する能力のある児童がその児童に影響を及ぼすすべての事項について自由に自己の意見を表明する権利を確保する。この場合において、児童の意見は、その児童の年齢及び成熟度に従って相応に考慮されるものとする。

これは一般に「政府訳」といわれる翻訳文で、少しわかりにくい文章なのですが、第一二条には基本的に二つのことが書いてあると理解すればいいと思います。まず、保育所や幼稚園にかぎらずどんな場所でも、子どもは自分の思っていることを自由に表現する権利があるということが第一項目に書いてあるわけです。だから保育所や幼稚園の中で子どもが思っていることを自由に表現する権利を保障する責任が保育者にはあるということなのです。運動会がいやな子どもは、「ぼくはや

国連の公用語は英語、フランス語、ロシア語、中国語、スペイン語、アラビア語とされていますので、子どもの権利条約も日本語の正式な翻訳文は存在しません。したがって、訳文をめぐって多様な議論が存在することも事実です。一般に「政府訳」といわれているものは、条約の呼称

りたくない」と言う権利があるし、給食を食べているときに嫌いなニンジンが出てきたら、「ぼくは、ニンジンは食べたくない」と言う権利が、すべての子どもにあるということが書いてあるわけです。

でも第一二条はそれだけではなく、「この場合において、児童の意見は、その児童の年齢及び成熟度に従って相応に考慮されるものとする」と書かれています。

じつは政府が訳した「相応に考慮される」は being given due weight という英文の訳なのですが、これはどちらかというと「正当に重視される」というニュアンスの言葉です。だからここは、「あなたが言ったことは、あなたの年齢や成熟度に配慮しながら、私たち大人がきちんと聴きとり、正当に重視しますからね」という約束が書いてあると考えるべきなのです。

つまり、そんな約束をした社会の中で保育する保育者は、子どもたちに「自分で考えていることがあるなら私が聴かせてもらい、その意見を尊重させてもらいますよ」という姿勢で子どもとかかわることが求められているということなのですが、そんな思想をもっと鮮明に打ち出しているのが、「子どもの権利委員会」が「乳幼児の権利」に特化して整理した次の文章です。

乳幼児期を未熟な人間が成熟した大人の地位に向かっていく「社会化」の時期

も「児童の権利条約」という訳にこだわっていますが、乳児や十八歳になる青年を「児童」と呼ぶことに違和感を唱える人がいるのも事実です。ちなみに、日本ユニセフ協会はこの第一二条の抄訳として、以下の訳文を公開しています。

「子どもは、自分に関係のあることについて自由に自分の意見を表す権利をもっています。その意見は、子どもの発達に応じて、じゅうぶんに考慮されなければなりません」

「子どもの権利委員会（Committee on the Rights of the Child）」は条約にもとづいて選出された十八名の専門家によって構成される組織です。条約の実施状況について調査・勧告を各批准国に対して行うと同時に、条文の解釈について「一般的意見」という形にまとめ、公表しています。

> としてとらえる伝統的な考え方から転換することが必要である。
> 条約は、最も幼い子どもを含む乳幼児が、人としてありのままに尊重されることを要求している。
> 乳幼児は、独自の興味・関心・視点を持った、家族・コミュニティ・社会の積極的構成員として認められるべきである。
> 乳幼児は、その権利を行使するために、身体面の養育、情緒面のケアおよび配慮のこもった指導、ならびに、社会的遊び、探求および学習のための時間および空間を特別に必要とする。

子どもの権利委員会 一般的意見七号（二〇〇五年）乳幼児期における子どもの権利の実施、子どもの権利委員会第四十会期（二〇〇五年九月）採択、CRC／C／GC／7（原文英語）日本語訳：平野裕二（日本弁護士連合会ホームページ掲載）

乳幼児期を「社会化」の時期と考えてきた古い思想を克服する必要性を語ったこの報告書は、乳幼児を「人としてありのままに尊重」すること、「社会の積極的構成員として」認めること、そしてそんな権利を持った乳幼児に特別な「時間および空間を」保障することを求めています。

つまり、「自分らしく生きる権利」と「社会の一員として生きる権利」と「子どもとして生きる権利」という三つの権利を同時に保障する課題に、この時代の保育実践は向き合う必要があるというのです。しかしながらこの課題に応えていくことは、頭で考えるほど簡単なことではありません。

4 「リスニングの保育」のジレンマ

1）対等な市民としての子どもプロジェクト

たとえば、子どもを「市民」として尊重する保育実践の創造に積極的な挑戦を重ねてきたスカンジナビア諸国の議論と実践を、トロンハイム科学技術大学（ノルウェー）のアンネ・トリーネ・シュルホルト（Anne Trine Kjørholt）さんが興味深い分析をしています。

シュルホルトさんは、デンマークで出された"*Listening to children : A book about children as fellow citizens*"（子どもに耳を傾ける――対等な市民としての子どもについて）という報告書に掲載された論文等を批判的に検討する形で議論を展開しています。この報告書は一九九〇年代はじめにデンマークの社会福祉文化省が開始した「対等な市民としての子どもプロジェクト」（Project of Children as Fellow Citizens）の理論と実践をまとめたものですが、「子どもの声に耳を傾けることは、

このプロジェクトは、政府の財政援助を伴う研究的プロジェクトとして取り組まれた点に特徴があります。一九九〇年に入るころからスカンジナビア諸国で積極的に取り組まれたプロジェクト内容はそれぞれ報告書にまとめられ、検討の素材として提供されています。

彼らの市民権を形成する重要な要素」と考える視点から、かなり挑戦的な取り組みが展開された点に特徴があります。

たとえばシュルホルトさんは、この報告書に収められている「保育園児も権利を持っている」という論文に紹介されたアントヒル保育園の次の事例を起点に議論をはじめています。

アントヒル保育園では、泣き叫んだり身をくねらせたりして抵抗する子どもを抱き上げて、オムツ交換のためにトイレに連れていく大人はいない。ここでは、子どもは遊びを続ける権利があり、いつオムツを替えるのかを決めるのは子ども自身なのだ。

シュルホルトさんは、「脆弱で、誰かに依存して、ケアを必要とする子ども」という旧来の子ども観を否定し、子どもが「自分らしくいる権利」と「自分で決める権利（自己決定権）」を持った存在と考える思想に支えられてこれらの実践が展開されていると紹介した上で、それでも「これからは何もかも子どもが自分で決めるのか?」という親から出されたいくつかの疑問に、具体的に応えることができていない点に疑問を呈しています。

Alison Clark, Anne Trine Kjørholt and Peter Moss(eds.)(2005) *Beyond Listening : Children's perspectives on early childhood services.* The Policy Press. p.151

『ビヨンド・リスニング』というタイトルを冠したこの本の第七章がシュルホルトさんのまとめた「有能な子どもと『自分自身でいる権利』——保育施設における対等な市民

興味深いのは、一連の実践から得られた成果について、プロジェクトの中で以下のようにまとめられている点です。

> 子どもの「ノー」を大人が尊重すれば、子どもと大人の間の対立や衝突は減少する。子どもはオムツ交換するときも泣きわめかないし、レインコートを着るときも泣き叫んだりしない……。子ども同士の対立や衝突は増えるが、これも彼らが手に入れた権利である。従来であれば大人がもっと介入したはずだが、今では子どもは自分たちで解決策を見つけることを認められている。
>
> ——*Beyond Listening*, p.156

確かに子どもの「声」をそのまま認めれば、子どもと大人の間のトラブルは減ると思いますが、逆に子ども同士のトラブルが増加することも事実です。一連の議論は、子どもたちがこうしたトラブルを解決する力を持っていることを前提に展開されているのですが、それを子どもたちに内在する力と考えるのは、やはりむずかしいのではないかと思います。

この点に関連してシュルホルトさんも、「対立や衝突を解決する力が子どもによって大きく異なること」について、報告書がまったくふれていない点を問題にしています。さらにここでも「子どもの自己決定権に限界はないのか？」という疑問

としての子どもに関する省察」です。シュルホルトさんはこの中で、デンマークで取り組まれた実践の積極的側面を評価しながらも、「自己選択」を前面に掲げた議論の危険な側面について分析しています。英文で書かれた書籍ですが、これ以降は本文中では『ビヨンド・リスニング』と表記することにします。

に、全面的に応えていないことを問題にしています。

2）食事も活動も強制されない

いや、それだけではありません。「いつ食事をするかを決めるのは子どもの権利」というテーマで取り組まれた別の園の実践は、その過程も含めてもっとユニークです。

地域の小学生二名に二日間、園に滞在してもらい、毎日の日課や慣行について、小学生の意見を聞くところから実践を開始したというのです。二人の意見を参考に、保育者たちが日々の慣行を見直した結果、「決まった時間に一斉に食事をするという日課は、大人による子どもへの強制である」ということになり、次のように保育を見直したといいます。

今では、子どもはいつでもお腹がすいたときに昼食をとることができる……。二時のフルーツも廃止した。子どもにとって、遊びを中断して集まり、フルーツを食べながらおとぎ話を聞く必要はないからだ。フルーツは二時に用意されるが、いつ食べるかは子ども自身が決める。現在では、全員が集合するのは誰かの

誕生日か、一部の子どもたちが全員のために温かい食事を用意したとき、すなわち全員が集まる理由があるときだけである。

Beyond Listening, p.157

この事例は、「食事も活動も強制されない」という副題のついたレポートにまとめられています。このレポートには、園の方針が「子どもはなんでもしたいことをして構わない」というものになったといううわさ話に、親たちが反発した事例等も紹介されているといいます。

食事と昼寝に関して、子どもの選択に任せるという議論は日本でもよく見かけます。偏食指導や完食指導に一種の使命感のようなものを抱きながら、子どもの内面にズカズカと土足で足を踏み入れるようなかかわりが無反省に行われている保育の現実があることを考えると、生活場面の選択を子どもに委ねる試みに一定の意味があることは理解できます。そして、こうした取り組みの成果について、「大人が時間を刻んでスケジュールや活動を決めるやり方を廃止することで、子どもの生活の質が向上する」と記載されていることも、本当にその通りだと思います。

しかしながら、子どもの自己選択権・自己決定権のみを根拠に、「毎日決められた時間に全員で一緒に食事をとることは、子どもの権利の行使を阻害するもの」と断定された文章を読んだりすると、やはり手放しで納得するわけにはいかない気持ちになるのも事実です。実際この点については、デンマークやノルウェーにおいてこれまで展開されてきた次のような議論を紹介しながら、シュルホルトさんも疑問の声をあげています。

子どものコミュニティに美的枠組みをつくりだすために花やキャンドルが飾られ、それによって文化的価値観が再生されるとともに創造される。皆が一緒に食事をすることは社会的交流や友情、思いやり、ユーモアを交流する中心的な場になるとともに、それぞれの子どもがコミュニティに所属していることを確認する場にもなる。……………Beyond Listening, p.159-160

もちろん、どちらかが正しく、どちらかがまちがっているといった単純な問題ではないのですが、自己選択・自己決定権にもとづく子どもの権利論は、保育実践における論争的な問題を、単純な二者択一論に持っていく危険性を内包しているように思えます。そしてその際、個人の権利を前面に打ち出す一方で、コミュニティを生きる権利を後景に追いやる特徴がある点が気になります。

問題が複雑なのは、こうした議論が「自由」にもとづく新しい統治論（集団論）とともに語られている点です。たとえば、このように自律的に生きる権利は、「分散型統治形態」の前提条件であるとして、次のような議論が紹介されています。

〔子どもたちは〕思い通りに行動し、自律的で自立的な存在になるために、一定の自由を行使することが保障された主体となった。子ども時代の慣行に組み込まれたこうした自由の概念は、新しい分散型統治を可能にする理論的根拠の視点を提供する。自由は、分散型統治形態の結果であると同時に、その前提条件なのである。

——Beyond Listening, p.166

子どもたちに徹底的に「自由」を保障することで、「自由」でバラバラに行動しながらつながっていく、新しい「統治」の形が可能になるというのですが、そのためにもまず、大人たちの管理から子どもを自由にすることが重要だと、次のようにも論じられています。

こうした展望に内在しているのが、子どもを自由にすべきだというリベラルな考えである。子どもは彼らの可能性を最大限に発揮できるように、たとえば大人社会の伝統や慣習といった古い秩序の制約から解放されなければならなかった。

——Beyond Listening, p.166

こうした「自由」に関する議論を前に、再度立ち止まってしまいそうな空気になってくるのですが、これに対してシュルホルトさんは、根拠となっている「自由」に関する議論が「消極的自由」に限定されている点を問題にするとともに、議論の底流に流れる「自律した個人」という概念を、「思いやりと連帯を強調する関係性の視点に置き換える必要性を指摘しています。

一見すると進んだ理論と実践に見える自己選択・自己決定論を基礎にした権利論・自由論ですが、日本の保育実践論を発展させようとした場合、大きく三つの点で一連の議論には脆弱性があると思います。

一つ目は、**「関係性を生きる主体」という視点が弱いため、社会的関係から切り離された個人の権利として自己選択・自己決定が位置づけられている点**です。子どもを「自律した存在」ととらえようとしている点は評価できますが、子どもたちは、仲間とつながる権利、仲間と共同決定する権利を同時に持っているのです。集団保育における子どもの権利は、個人の自己決定権と、集団における共同決定権とをつなぐことで、はじめて意味を持つのです。

二つ目は、**子どもの中にある「発達を希求する要求」に関する視点が弱い点**です。自己選択・自己決定論の弱さは、自分だけでは気づくことができない「明日の自分」をイメージし、そうやってつくりだした「明日の自分」に向かって発達する権利を、議論の外側に追いやってしまう点にあります。

それは、「発達する権利」と「自己決定権」とを天秤にかけ、「自己決定権」を優

Beyond Listening, p.170

こうした指摘とともに、「オムツ交換の希望を子どもに聞く」という方針を保育者が決めることの矛盾についても記されています。子どもの声を大切にしているようで、その聴き方の原則は保育者が決めるという形で、実際には二重の権力構造になっていることを問題にしているのです。

先する議論を展開していることと無関係ではありません。本来、この二つの権利は子どもの中で統一的に保障されるものなのですが、保育者の影響を強く受けがちな「発達する権利」を、あえて視野から外すことで成立しているのが「自己決定」を強調する子どもの権利論なのです。

そして三つ目は、**保育における「自由」に関する議論が一面的で、リアリティに欠ける点**です。この点は先に紹介した論文の中で、一連の議論が「消極的自由論に終始している」点をシュルホルトさんも批判していましたが、誰からも強制されない自由、命令されない自由だけで「自由」を語ることは、自由論として一面的であると同時に、「自由」と「放任」との混同を保育実践にもたらす危険性があります。

5　精神的自由と発達的自由

さてそれでは、シュルホルトさんが指摘する「消極的自由論」とはどんなものなのでしょう。そして「消極的自由論」に終始することが、保育実践論としてどのような問題を持つことになるというのでしょうか。

「消極的自由」があるということは、当然その対極に「積極的自由」が存在するということなのですが、この二つの自由の問題は、これまで「〜からの自由(liberty from)」と「〜への自由(liberty to)」という自由の二重構造として語られることが常でした。

他者による抑圧や拘束から「自由」になる消極的自由が「〜からの自由」、人間が新たな力を獲得して自らを「自由」にしていく積極的自由が「〜への自由」です。前者の消極的自由は社会的諸関係の中で保障される自由なので「社会的自由＝精神的自由」と呼ぶことができ、後者の積極的自由は発達の過程で獲得される自由なので「発達的自由＝獲得的自由」と呼ぶことができるかもしれません。(**図2**)

たとえば水泳のできない人にとって、「水の中」というのはまさに不自由きわまりないところです。ところがこの人が水に浮くことができるようになり、やがて泳ぐことができるようになると、それは、水の中で「自由」に行動することができる、新たな「自由」を獲得したことを意味することになっていきます。そしてこの場合、この「自由」が他人によって与えられたものではなく、その人自身が自分の力で獲得したという点が重要です。

そうなのです。人間は、このように自分自身を内部から拘束している「制限」か

「消極的自由(Negative Liberty)」と「積極的自由(Positive Liberty)」という形で「自由の二重構造」を語った人物としてはアイザィア・バーリン(Isia Berlin)が有名です。ただし、バーリンも含めて「自由」の問題は政治学・経済学・社会学といった分野で活発に議論されてきた経緯があり、人間の発達を問題にする教育学や心理学の「自由」に関する議論とは微妙に異なる内容を持っていることも確かです。

たとえば、経済行為において「積極的自由」を強調すると、商品を販売して利益を得るために手段を選ばない議論とつながる可能性があります。いわゆる「新自由主義」の理論的根拠として「積極的自由」論が使われることがあることも無視するわけにはいきません。(齋藤純一『自由』岩波書店、二〇〇五年)

ら解放されることによって、はじめて「自由」を獲得することができる存在なのです。

　人間が「不自由さ」を感じるのは、別に他人に拘束されたり強制されたりするときにかぎられるわけではありません。自分自身に力がないために、やりたいことができずに「不自由さ」を感じること、じつはしばしばあることなのではないでしょうか。教育という営みが、そもそも子どもたちをこうした「不自由さ」から解放する仕事を指しているとするならば、子どもたちがいろいろなことを理解し、できるようになっていくということそれ自体が、まさに「自由」の獲得過程だということになるのです。

　実際、それは小さな子どもたちだけでなく、大人の場合も同様です。人間はより「自由」になるために、あえて困難に挑戦しながら生きていく存在なのです。

　教育実践の中核部分に、「獲得する自由」を位置づけることの重要性を主張してきた教育学者に第1章でも紹介した矢川徳光さんがいます。矢川さんは、母親の援助を得て自分の

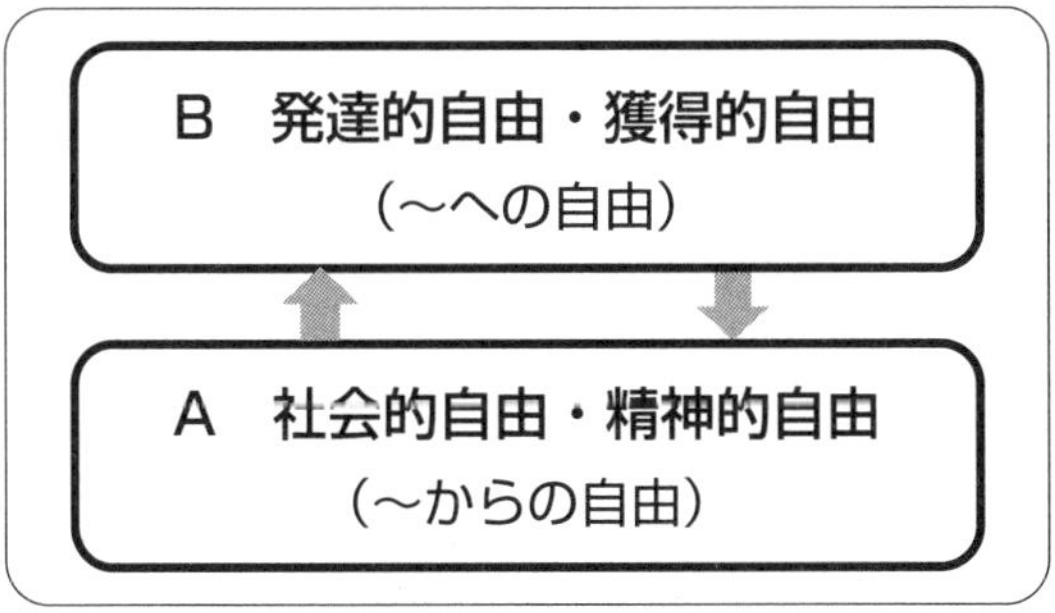

図2　子どもに保障する自由の二重構造

力でスプーンを使いこなすようになっていく幼児の姿をもとに、それがその幼児にとって新たな「自由」を獲得することを意味することになるのだとして、次のように語ったことがあります。

今の例でいえば、幼児はスプーンを使いこなす（操作する）自由を手にいれたのです。スプーンは、はじめには、幼児にとって一種の厄介物、邪魔物でした。かれの活動（飲むこと、食べること）を拘束するもの、制肘するものでした。ところで、幼児がスプーンを自由に使いこなせるようになったということは、スプーンが厄介物や邪魔物であるという拘束や制肘から、幼児が自由になったこと、解放されたことを意味しています。これは、発達の一つの姿なのです。

矢川徳光『教育とはなにか』新日本出版社、一九七三年、五〇〜五一頁

たかがスプーンと言ってはいけません。このスプーンを使う能力を獲得していく営みそのものが、自由を求めて生きている人間の、人間らしい発達の姿を表現しているのだと矢川さんは語っているのです。

またこうした事例を紹介しながら、矢川さんはこのように「人間どうしの協同の活動のなかで子どもが創りだし、子どもによって獲得された力」を私たちは能力と言い、その能力を獲得することを発達と言ってきたのだと語ります。そしてそのよ

うに考えるなら、子どもたちが諸々の人間的能力を獲得し、発達を遂げていくことは、それ自身が自由の獲得過程を意味しているのだと論じているのです。

人間が自分自身の内部に存在する「制限」を克服しながら「発達」していくことと、それはまさに「自由」の獲得を意味しているのであり、人はこの「自由」を獲得することによってはじめて、自らを「解放」することが可能になっていくのだと矢川さんは語り、教育実践の中に存在するこのダイナミックな営みを「制限－発達－自由－解放」と定式化しています。そして教育という営みは、こうした「自由」獲得の物語を、子どもたちの中に不断につくりだしていくことを意味しているのだとも強調したのでした。

6　教授優先型保育実践と放任型保育実践の間

保育実践の中で保障する「自由」が、「社会的自由＝精神的自由」と「発達的自由＝獲得的自由」の二重構造で構成されているということについてこれまで考えてきました。

たとえば心理学者の川田学さんは、発達論の視点から、人間の中に形成される自由を「拡張身体的自由」という言葉で表現しています。自分の身体を「拡張」させるイメージとともに語られる「自由」概念は、子どもが「自由」になっていく姿を感覚的に理解しやすい表現になっています。また、「他者を動かす」形で具体化する「遠隔操作的拡張」と、自分が「他者になる」ことで実現する「疑似体験的拡張」という「拡張」イメージも、幼児の発達を考えるとき、理解しやすい内容になっていると思われます。（川田学『保育的発達論のはじまり』ひとなる書房、二〇一九年）

そしてそうした視点から、改めて「リスニングの保育」について考えてみると、自己決定権を重視する「リスニングの保育実践」論が「精神的自由」を強調するあまり、子どもに「発達的自由」を保障する視点を見落とす危険性を内包していることに気づきます。すべてを子どもの決定に任せる「放任型保育実践」がこれに該当します。**（図3）**

これに対して、「発達的自由」を一面的に強調し、子どもの声に耳を傾けることよりも、保育者の声を子どもに届けることを重視する保育実践が存在していることも事実です。保育者の意識的・組織的・計画的な「教育的働きかけ」の積み重ねとして展開される保育者中心主義の「教授優先型保育実践」がこれに該当します。**（図4）**

文字学習・英語・運動・鼓笛隊・書道……といった形で、保育者が計画した課題を次から次に準備し、子どもたちを活動に誘う「早期教育」型の園ですが、こうした園は、さまざまなことが「できる」ようになることを大切に、日々の実践を展開している点に特徴があります。

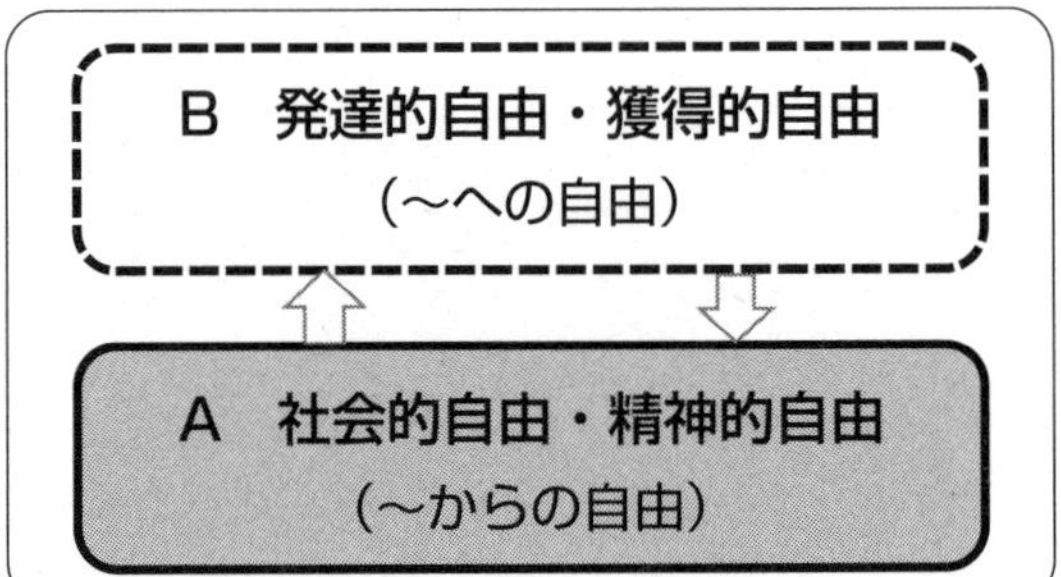

図3　精神的自由を強調する放任型保育実践

実際、こうした園では子どもたちが目に見える形で「能力」を獲得し、いろいろなことが「できる」ようになっていくのですが、それは確かに、「発達的自由」を獲得していく一面を持ったものでもあるのです。

しかも乳幼児を対象にした保育実践において、子どもに命令・強制したり、罰を与えたりして活動に取り組ませるといった方法は逆効果ですから、こうした園では子どもを巧みにその気にさせながら、自ら進んで課題に向き合うように、さまざまなしかけが工夫されています。そしてそんな保育者の工夫に応えて、自ら「能動的」に活動に向き合う子どもが出てくるのも、これまた自然なことなのです。

したがって、教授優先型保育が「精神的自由」を奪っているという批判に対して、子どもたちは自ら「進んで」活動に取り組んでいるのだと、必ず反論が寄せられます。そして、「自由」と言いながらすべてを子ども任せにする「自由保育」は、子どもの「発達的自由」を奪う「無責任保育」なのだと、追い打ちをかけるように批判してくるのです。

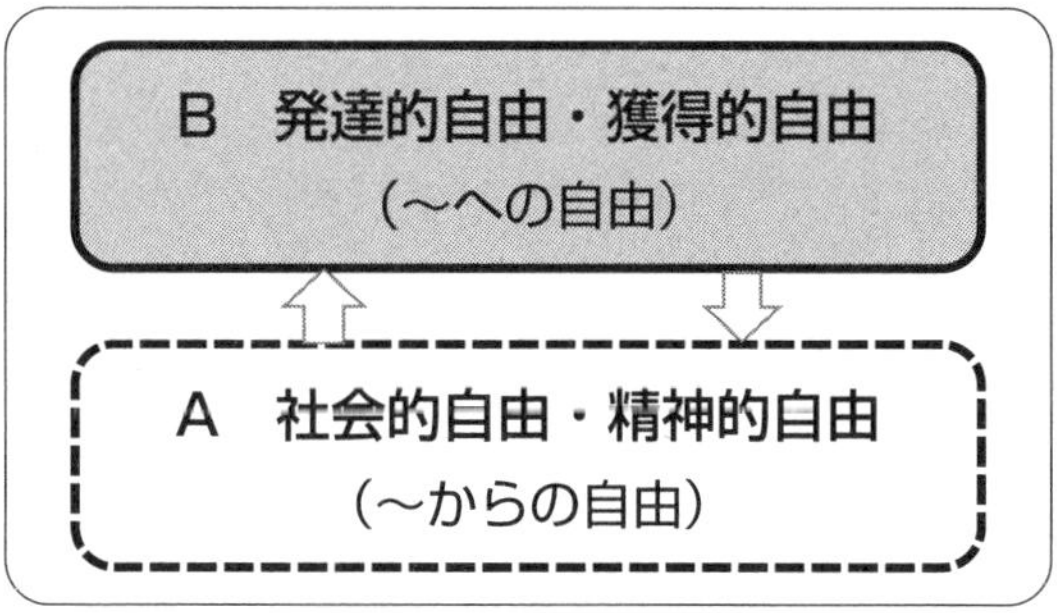

図４　発達的自由を強調する教授優先型保育実践

実際、子どもたちの「精神的自由」を強調する子ども中心主義の保育実践は、子どもの中に「発達的自由」を保障する視点を忘れがちで、すべてを子どもの選択にまかせてしまう「放任型保育実践」に誘う危険性を内包しています。「子どもたちに自由と自主性を」というスローガンのもと、子どもの要求に対して「共感的応答関係」をつくりだすことに腐心しながらも、そのあとの「ひらめき」が湧いてこないのです。あるいは、「ひらめき」が湧いたとしても保育者の主観的判断で行われる実践に確信がなく、右往左往しながら実践を展開する場面もよくみられます。

もちろんこうした場合でも、保育者が何もしないのに、自主的にさまざまなことに挑戦し、自ら「発達的自由」を獲得する子どもが出てくることは、確かに存在します。しかしその一方で、何をしていいかわからず、ただふらふらしている子どもや、イライラする自分をさらけ出しながら荒れた行動をとり続ける子どもがいるのも事実です。

子どもの権利を前面に掲げた「リスニングの保育実践」が、子どもの声を尊重し、子どもの「自己決定権」を大切にしている一方で「発達する自由」をないがしろにしてしまうなら、それは「自由」の保障ではなく「わがまま」を許容しているにすぎません。そしてそれは、「共感的」というよりむしろ「迎合的」と呼ぶのがふさわしい関係に、保育実践を連れていってしまうことになるのです。

7　保育における迎合的関係と共感的関係

今からおよそ二百六十年前、教育実践における迎合的関係を厳しく批判し、真の自由を保障する教育の必要性を説いたのは、フランスの思想家であるジャン・ジャック・ルソー（J. J. Rousseau）でした。ルソーは、子どもを大人の「雛形」としか考えない当時の子ども観を徹底的に批判した人物であり、子どもを権利主体と考える教育思想の起点となった人物として知られていますが、彼は同時に、大人が子どもの「要求」を単純に受け入れる迎合的な関係に対して、厳しい批判の目を向けた人物でもありました。

たとえば彼は、その著書『エミール』の中で、子どもに対する「放縦（放任）」と「甘やかし」が「子どもを不幸にするいちばん確実な方法」だと、その愚かさを次のような言葉で批判しています。

子どもを不幸にするいちばん確実な方法はなにか、それをあなたがたは知っているだろうか。それはいつでもなんでも手に入れられるようにしてやることだ。……ルソー『エミール（上）』今野一雄［訳］、岩波書店、二〇〇七年、一五四頁

子どもが出す要求に迎合する大人の姿勢、それがなぜ「子どもを不幸にするいちばん確実な方法」だと言ったのでしょうか。その点について、先の言葉に続けてさらに次のように説明しています。

すぐに望みがかなえられるので、子どもの欲望はたえず大きくなって、おそかれはやかれ、やがてはあなたの無力のために、どうしても拒絶しなければならなくなる。ところが、そういう拒絶になれていない子どもは、ほしいものが手にはいらないということより、拒絶されたことをいっそうつらく考えるようになる。……同前

つまり、目先の要求を次から次へとかなえてやることで成立していた教育的関係は、いったんその要求を拒絶しなければならなくなったとき、それまで成立していると信じていた教育的関係そのものを崩壊させることになっていくのだというのですが、それは具体的にはこんな感じでやってくると書いています。

かれはまず、あなたがもっているステッキがほしいという。つぎには時計がほ

しいという。こんどは飛んでいる鳥がほしいという。光っている星がほしいという。見ているものはなんでもほしいという。神でもないのに、どうしてそういう子どもを満足させることができよう。……同前

そうなのです。それはとうていできるはずのないことなのですが、それでもそうやって育てられた子どもは「命令しさえすればなんでもできると信じている」から、要求の拒絶を「反逆行為」と考え、やがて「すべての人に憎しみを持ち、いくらきげんをとっても受けつけず、あらゆる反対に対して腹を立てる」ようになるのだというのです。

しかしながら問題は、さらにその先にあるといいます。子どもの「弱さと支配欲が結びつけば、狂気と不幸を生み出すにすぎない」と問題の本質を語るルソーは、そうした子ども時代を過ごした彼らのその後を、次のように描き出しているのです。……同前、一五六頁

かれらの生意気な態度、虚栄心は、苦悩と軽蔑と嘲笑をまねくばかりだ。かれらは水を飲むように辱めを飲み込む。苦しい試練はやがて、いままで自分の地位も力も知らなかったことを彼らに教え込むことになる。なに一つできないかれらは、もうなんにもできないのだと考えるようになる。これまで知らなかった障害

が彼らをがっかりさせ、多くの人の軽蔑が彼らを卑屈にする。かれらは卑怯者、臆病者、下劣な者となり、いままで不相応に持ち上げられていただけに、今度は必要以下の低いところに投げ込まれてしまう。……『エミール（上）』一五六～一五七頁

こうした子育ての誤りが、「放縦と自由を混同し、子どもを幸福にすることと甘やかすこととを混同している」がゆえに生じてしまうのだと明確に批判している点に特徴がありますが、さらにこうした批判の上に立って、真の意味で子どもを自由にし、子どもを幸福にするとはいったいどういうことなのか、エミール少年の教育事例を通して語ろうとしたのが『エミール』という本だったのです。

興味深いのはこの中で、子どもに育てるべきは「よく規制された自由」だと語っている点です。

人はあらゆる手段をもちいるが、ただ一つだけはもちいない。しかもこれだけが成功に導くものなのだ。それはよく規制された自由だ。……同前、一六七頁

さてそれでは、教育を成功に導く唯一の方法である「よく規制された自由」とは、具体的にはどのようなものなのでしょうか。この点については、『エミール』

の中で、さらに次のように説明されています。

ほんとうに自由な人間は自分ができることだけを欲し、自分の気に入ったことをする。…………同前、一四五頁

いったい何が自分にはでき、そして何ができないのか、この点について自ら判断する能力を持ち、その判断にもとづいて的確に行動することを、彼は「よく規制された自由」と語っているのです。が、ここで見落としてならないのは、この「自由」に生きる人間の姿を、そのまま単純に「子どもたちに適用すること」を戒めている点です。

子どもたちの持っている自由は、そもそも「彼らの弱さによって制限を受けている」と指摘し、「子どもは自然状態にあっても不完全な自由しか行使することができない」存在だと語るルソーは、だから子どもには教育が必要になるというのです。つまり、子どもを教育するということは、子どもを強くすることによって、子どもが「自由」に生きることを可能にしていくことであり、保育・教育はそのための教育的仕組みを、それぞれの発達段階に応じて組織することが重要だと指摘しているのです。

おそらく、乳児期には乳児期の、幼児期には幼児期の、少年期には少年期の、そして青年期には青年期の「自由の形」があるということなのでしょう。そして、「よく規制された自由」の形も、発達する子どもの姿に対応させる形で発展させていかなければならないということなのでしょう。

8　声を持つ自由、発達する自由、協同する自由

さてこのように、放縦（放任）と自由とを混同する保育・教育を批判するルソーの考えから学ぶものが多いのも事実ですが、この「よく規制された自由」論には、保育実践のリアルな姿を考えると、いくつかの点で不十分さを感じます。

一つ目は、こうしてエミール少年が獲得する「よく規制された自由」が、ルソー先生とエミール少年の個人的な関係で形成されるイメージで貫かれている点です。これは『エミール』の最大の欠点ですが、**子ども同士が集団でぶつかり合いながら獲得する自由のイメージがこの本にはない**のです。

二つ目は、強烈な自己主張を伴う乳幼児の自我の発達を考えると、**この時期の子どもたちが見せる爆発するような自由さ、「自分勝手さ」が発達的に位置づけられていない点**に、やはり不十分さを感じます。「よく規制された自由」の世界を生きる五歳児の姿はそれなりに想像できますが、そこにいたるまでの発達のダイナミズムを描き出すことが大切かと思います。

そして最後に、**幼児期に大きく広がる「想像する自由」の世界が、「よく規制された自由」論から排除されている点**が気になります。もっともこれも、「想像力の増大が不幸を招く」と『エミール』の中で明言していることを考えると、確かにルソーの中では一貫性のある議論だと思いますが、やはり幼児期の保育を考えるとき、想像の世界を生き、想像の世界を仲間とつなげ合って活動する「自由感」を除外して、保育における自由を語ることはできないと思います。

仲間と一緒におもしろさを共有するとき、他者とつながる自由、心がつながる自由を感じることができます。ふとしたことで同調・共感の感覚が生成する「共感の自由」があります。そしてこの「共感の自由」の延長線上に、幼児期に独特な形で広がりを見せる「想像し合う自由」があるのです。

いや、それだけではありません。仲間と目標を共有し、一緒に何かをつくりあげ、完成に向かって力を合わせるときに感じる「自由感」は、まさに集団保育だから感じることのできるものです。それは、「発達的自由」を共有する「自由感」とでも表現できるものですが、こんな感覚をここでは「協同する自由」と呼ぶことにします。

つまり、「精神的自由」と「発達的自由」という二重構造を持ちながら形成される乳幼児の自由は、仲間と生きる生活の中で、実際にはもっと豊かな構造を持ちながら発達していくということなのです。

「精神的自由」に対応する形で「声を持つ自由」を保障された子どもたちは、さらにその上に、仲間と「共感する自由」「想像し合う自由」、そして「協同する自由」を自分の中に形成し、まさに「自由を求める主体」へと発達していくのです。

そしておそらく、そうして「自由を求める主体」として乳幼児の育ちを保障することが、子どもの声を「一人の人間の声」として尊重し、「発達する主体の声」「市民の声」として尊重する保育実践の内実をつくりだすことにつながっていくのだと思います。

第3章

リスニングと関係性の保育実践論

対話の時代の子どもの声

1　リスニングに反映される権力性

一人ひとりが発する「声」に耳を傾け、その「声」を起点に保育をつくりだすことを強調する保育思想が、「リスニングの教育学（pedagogy of listening）」という言葉とともに論じられていることはすでにふれました。

子どもの権利を大切にする議論とともに広がったこうした思想は、子どもを教育の対象と考えてきたこれまでの教育観の転換を迫るもので、それは確実に歴史の進歩を意味するものでした。

しかしながら、子どもの自己選択権・自己決定権を柱に展開される「リスニングの教育学」は、社会的諸関係から切り離された「個人の権利」として子どもの権利を位置づける傾向を持つと同時に、「発達する権利」を保育実践論から除外する危険性を内包するものでもありました。

またそれと同時に、「子ども中心主義」の保育思想を「自由保育」というイメージで広げてきた日本の保育の歴史と「リスニングの教育学」とが結びつくことで、保育における自由の議論が「消極的自由論」に限定される危険性についても、これまで検討してきました。

たとえばこうした問題を、「リスニングの危険性」という形で問題提起しているのがロンドン大学のピーター・モス（Peter Moss）さんたちです。モスさんたちは、子どもの「声」を尊重し、子どもを権利主体として尊重する保育を具現化する視点から、リスニングの保育実践が持つ「危険性」について分析していますが、そうした中、まず指摘しているのが子ども同士の権力性にかかわる問題です。

> 子どもの声を聴くことの過度な強調は、強い言葉を持たない子どもを不利な立場に追いやる危険性を持っている。（権力的関係や不平等さを意識しないリスニングは、その効果を逆に歪めてしまうことがある。たとえば、エリートの言葉を優遇する一方で、周辺に置かれた子どもの声を無視するように）
>
> ――Alison Clark, Anne Trine Kjørholt and Peter Moss(eds.) (2005) *Beyond Listening : Children's perspevtives on early childhood services*. The Policy Press. p.10

これは、よくわかる指摘です。クラスで話し合いをしたとき、声の大きな子どもの声だけが採用されて、声の小さい子どもや、しゃべらない子どもの声が無視されてしまう、そんなことは実際、よくあることだと思います。

さらに問題なのは、それを「子どもたちが決めたんです」と簡単に言ってしまう点にあります。「私はそう思いません」という子どもの声を無視した状態で子どもに決めさせると、子どもたちの間にある「権力性」を反映した結論に導いてしまいます。そして、こうした関係をくり返すことで、その「権力性」をより強化することになってしまうから問題は深刻です。

が、ここで言っているのはそれだけではありません。後段に書かれている「エリートの言葉を優遇する一方で、周辺に置かれた子どもの声を無視する」という言葉は、子ども同士の間に自然に生まれた「権力性」だけではなく、保育者によってつくられる無意識の「権力性」が、子どもたちの話し合いに反映することを指摘しています。

たとえばここで言う「エリート」は、さしずめ保育者のお気に入りの子どもとでも言えるでしょうか。そして「周辺に置かれた子ども」は、保育者を困らせる「逸脱児」や「問題児」たちだと考えればいいかもしれません。同じように発言しても、お気に入りの子どもの声には「○○ちゃんはいいこと言ったね」などと言うのですが、「ちょっとね」という子が言うと、「うーん、おもしろい意見だけどねぇ」という表情が自然に出てしまったりする……そんなことを無意識にしてしまう危険性が保育実践に潜んでいることをモスさんたちは問題にしているのです。

つまり、リスニングといっても実際にはこんな歪んだ聴き方をしてしまうことが普通に存在しているというのです。これは確かに、肝に銘じておかなければならない問題だと思います。

モスさんたちが「リスニングの危険性」として二つ目に指摘しているのが、子どもの声を聴くことが子どもをより有効に管理する手段となるという問題です。

> 子どもの参加、子どもの声を聴くこと、子どもが自分で決めることといった、リスニングのプロセス自体が管理を有効にするための方略となる危険性がある。
> （権力関係を転換するのではなく、補強する手段となる）

子どもに意見を聴いて、子どもたちに決めさせることで、逆に子どもが管理しやすくなるということ、これは確かに理解できます。しかもその際、「エリート」たちの意見を好んで採用することで、保育者の都合のいい方向に話をもっていくことが容易に可能になったりするのです。

実際、保育者が提案すると反発する子どもたちも、自分たちで決めたことには従順に従ったりします。子どもたちを話し合いに参加させ、保育者の都合のいいように話を誘導していき、自分たちで決めたことだから守らなければと子どもを追い込む場面は、日常の保育の中でよく見かけます。確かにこれでは子どもの声を聴くこ

Beyond Listening, p.10

この本の中では、ここに示した二点以外に「リスニングの危険性」としてさらに以下の三点の内容が指摘されています。

・子どもを中心に置き、子どもの権利を保障するという見せかけの仮面の裏で、大人の注視のもとに子どもを置き、より効果的に子どもを統制する手段としてリスニングが機能させられる危険性がある。

・リスニングと参加の強調は、自発的で利己的な個人という歪んだ自由主義や新自由主義が理想とする主体へと子どもを育てる危険性がある。

・リスニングによって聴きとられた「声の確実性」が、文脈を無視した事実の記述として機能させられる危険性がある。

とが、子どもを管理する有効な手段となってしまいます。

これに対してモスさんたちは、「日常の保育を支配している権力関係を転換する」ことが重要だと指摘します。つまり、「保育者が決め、子どもが従う」という関係や、「保育者が教え、子どもが学ぶ」という関係を転換できたとき、「子どもの声」は「子どもの権利」を保障するものになるというのですが、具体的にはいったいどんな実践をイメージすればいいのでしょうか。

2 自分の声が社会を変える

たとえば、次に紹介するのは五歳児を担当する鈴木さん（仮名）が記した記録ですが、ここには、話し合いをする過程で、これまで当たり前と考えてきた園内のルールや「常識」を、子どもたちが見直していった経緯が記されています。自由に表現した「子どもの声」が、社会をつくる声として大切にされるとき、「子どもの声」を「市民の声」として尊重する保育になっていく、そんなことを教えてくれる事例が、保育者の試行錯誤の過程とともに記されていました。

鈴木さんの勤務する園では、五歳児クラスの子どもたちが園内の仕事を受け持つ「係活動（係仕事）」を、保育者も、そして子どもたちも当然のように受け止め、実践していたといいます。

そしてその年の年度末に卒園児を送り出したとき、四歳児クラスのＫくんが「もう年長って一年生になったけん、俺たちが年長じゃん！」と語ったのをきっかけに、年長児たちがやっていた①ヤギの世話、②ザリガニとかめの世話、③出席調べ、④靴箱そうじ、⑤花の水やりと草取り、⑥危ないもの拾いといった六種類の係活動をグループでやっていくことを、四歳児クラスの子どもたちはなんの疑いもなく決定し、取り組んでいったというのです。

四月当初は意気揚々と活動していた子どもたちですが、次第にサボったり、いやがったりする子どもの姿が見られるようになってきたといいます。そしてそんな中、Ａくんの次の言葉が鈴木さんの耳に入ってきたと記録には書かれています。

Ａ「今日係仕事じゃない！　やったー！」

Ａくんのこの言葉を聞いたとき、鈴木さんは「とまどいと自分の保育のこわさ」を感じたと記していました。じつは私もその研究会に参加していたのですが、いったい何に「とまどい」を感じたのかと質問すると、「あんなにやりたいと言っていたのに、本当はやりたくない気持ちがあったのか」というとまどいだと鈴木さんは答え、「自分の保育のこわさ」とは何かという質問には、「揺れる気持ちがあるにもかかわらず、その気持ちを素直に話せない空気をつくっていたこと」に対する「こわさ」だと説明してくれました。

こんな形で自分の保育をふり返ることができる鈴木さんは、子どもと対話する資質と資格を持った保育者だとそのとき思いましたが、Aくんの声を聴いたあとの鈴木さんの対応が、またすばらしかったのです。

鈴木さんは、Aくんに自分の思いを語ってもらいながら、さっそくクラスで話し合いを開始したといいます。

鈴木さんだけでなく、園内研究会の中で保育者たちが率直に語り合う姿が印象的でした。自分の中にある悩みや葛藤だけでなく、ほかの保育者のかかわり方に対しても、保育者同士で率直に思いを表現し合えることが、対話する保育をつくる必要条件なのだと、改めて考えさせられた研究会だったことを覚えています。

A「係仕事、楽しいけど人がいないと楽しくない」
G「みんな、こないから」
K「早く終わるのと、終わらないのがある」
D「出席調べとかはさ、早く終わるけど、生き物は時間かかるよ」

こうして自分たちの思いを出し合ってみると、子どもによって参加のしかたに差があることと、係によって負担が異なることを子どもたちが問題にしていることがわかってきました。出席調べは十分もかからず終わってしまうけど、生き物係はヤギが逃げ出したりして四十分かかることもあるという感じで、まだ明確にはなっていない係活動に対する不満や思いが、子どもの口から次第に発せられるようになっていったのです。

そこで鈴木さんは、係活動に対する正直な気持ちを出し合おうと、さらに次のように子どもたちに問いかけていきました。

保育者「そうだね。でもみんなは、係仕事をやったらどんな気持ち?」
Y「そりゃ、ヤギが喜ぶよ」
R「みんなが喜んで、気持ちいい!」

ここで、「係仕事をやったらどんな気持ち?」とさりげなく聞いているところがいいですね。実際に感じる「気持ち」はすべて正解ですから、それぞれが自由に語ることができるわけです。つまり、鈴木さんの「開かれた質問」を受けて、子どもたちは「開かれた話し合い」をはじめることができているのです。

そしてその過程で、子どもたちは新たな問題を発見することになります。

A「でも、オレのグループの人、三人しかおらんけん、大変だもん」
M「休みとか、やりたくない人とかおるし」
K「じゃあさ、もっといっぱいの人とで行けば？」
M「係を減らすとか？」
保育者「係を減らして、一つの係に一つのグループじゃなくて、一つの係に何グループか行くってこと？」
K「そういうこと！　生き物のお世話は絶対せなんよ！　出席調べも、危ないもの拾いも！」
O「給食早く食べた人から、花に水をやれる」
K「危ないもの拾いも、年長だからさ、危ないと思ったときに拾えばいい」
M「朝から先生たちで掃除とかしてるし！」
A「鈴木先生とか、いつも花に、水あげとるし！」

こうして子どもたちは、話し合いをしていく過程で、これまで自分たちが当たり前と考えてきた園のルールや活動が、すべて合理的なものであるとはかぎらないことに気づいていきます。そして自分たちが納得いかないものは、納得いく方向に変えていけばいいことに気づきはじめていくのです。

実際、この話し合いの結果、「花の水やりと草取り」と「危ないもの拾い」は係活動としてする必要はないということをみんなで合意し、動物の世話に重点を置いた係活動へと編成替えをしていったといいます。

3　開かれた話し合い・閉じられた話し合い

大切なことは、こうした経験を通して子どもたちが、「自分たちの言葉が社会を変える」ことを実感し、自分の想いを言葉にする大切さに気づいていった点にありますが、もちろんただ話し合いをすればいいというわけではありません。その際、問われなければならないのは話し合いの質であり、話し合いにおける子どもの声の扱いです。

そしてその際、次に示す二つの条件が重要な意味を持つと私は考えています。

一つ目は、**子どもの話し合いが「開かれた話し合い」として行われること**です。

「開かれた話し合い」というのは、話せば話すほどイメージが広がるような話し合いのことです。こんなこともできる、あんなこともできると、それぞれのイメージや思考世界が広がり、選択肢が多様に広がっていくオープン・エンドな話し合いを「開かれた話し合い」といいます。

これに対して、一つの正解を求めて展開される話し合いを「閉じられた話し合い」といいます。クラスで何か事件が起きたとき、「誰がやったの」という犯人探しの話し合いや、「どうしてこんなことしたの」という原因探しの話し合い、あるいはクラスで取り組む活動を一つに限定する話し合いがこれに相当します。

重要な点は、「開かれた話し合い」として話し合いが展開するときは、必ず保育者の問いかけが「開かれた質問」になっているところにあります。これに対して、ついつい「閉じられた話し合い」に導いてしまう保育者は、「閉じられた質問」をする習性を無意識のうちに持っている場合が多いのです。

たとえば、先の話し合いの中でも、係仕事に対するいろんな思いが出てきたとき、保育者である鈴木さんは、次のように子どもたちに問いかけています。

「そうだね。でもみんなは、係仕事をやったらどんな気持ち?」

この、「どんな気持ち？」という問いかけが、ステキな「開かれた質問」になっているのです。「どんな気持ち？」という質問ですから、どんな気持ちを言っても「正解」なのです。そして誰かが話していると、それを聞きながらそれまで意識していなかった「気持ち」を思い出し、話し合っている間に「気持ち」のリレーがはじまっていくのです。

ところがこれが、「どうして係仕事をしなければならないのかな？」と聞いていたら、話の展開はまったく違うものになっていたと思います。一つの正しさを求めて語り合うとき、話し合いの空気は重くなり、みんなが口を閉ざすようになってくるのです。そして勇気を出して語ったとしても、正解は保育者の中にあるわけですから、あらかじめ決められたその正解に近づかないかぎり、保育者に評価されることはないのです。

おそらくこんな話し合いを続けていると、子どもたちは話し合うことそのものがいやになり、しだいに話し合いを忌避するようになっていくのだと思います。

二つ目に大切な点は、**子どもたちが取り組む話し合いの結論が、保育者が最初に考えた結論とは異なる方向に話し合いが進むこと**です。逆にいえば、保育者の考える方向に話し合いが進んでいるとき、それは自分の都合のいい方向に進んでいると警戒する姿勢が保育者には必要になるということです。

実際、保育者の司会で話し合いが進められるとき、保育者は自分の考えている方向へ子どもの発言を誘導してしまいがちなのですが、こうしたインチキな子どもの声の聴き方について、『ビヨンド・リスニング』の中では次のような言葉で批判しています。


子どもを中心に置き、子どもの権利を保障するという見せかけの仮面の裏で、大人の注視のもとに子どもを置き、より効果的に子どもを統制する手段としてリスニングが機能させられる危険性がある。

——*Beyond Listening*, p.11

問題が深刻なのは、こうして子どもの声を利用して巧妙に管理を徹底しているにもかかわらず、そんな話し合いを「子ども主体の保育」と語り、「子どもの権利」を保障していると保育者たちが語る点にあります。そしてその際、子どもの声に耳を傾けることで、一人ひとりの子どもの「特性」を理解し、その子にふさわしい対処法を探り出しているのだと、これまた自信たっぷりに語る点にあります。

子どもは保育者に「理解され、解釈される対象」として存在しているのではありません。子どもの声は「理解され、解釈される」ために表現されたものではなく、

「意味をつくりだし、世界を創造する主体」として、自らの思考や願望を社会に向かって表現したものなのです。そしてそれゆえ、子どもの声は社会をつくる声として大切にされることによってはじめて、意味ある声として力を発揮することになっていくのです。

4　未完成だから希望が持てる

さてそれでは、子どもを「ありのままの存在」として尊重しながら、さらに「社会を構成する市民」として位置づけるために、私たちはどのような保育思想を確立していかなければならないのでしょうか。そして、その思想をどのように保育実践論として構造化していけばいいのでしょうか。

こうした問題を考える際、大きな示唆を与えてくれるのがブラジルの教育学者であるパウロ・フレイレの「対話」の思想です。

フレイレはまず、教師・保育者が子どもより一段上に立って権力的な関係をつくりだし、現代教育がそうした関係に支配される問題を、次のような言葉で厳しく批

ブラジルの教育学者であるパウロ・フレイレ（Paulo Freire）は二〇世紀を代表する教育学者の一人です。社会の中に多様な分断が生みだされ、そうした分断を再生産する役割を教育に担わせている現実を厳しく批判し、「自由」と「対話」の教育でそうした動きに対抗していく必要性を理論的・実践的に打ち出したフレイレの思想は、保育実践を考える上でも大きな示唆を与えてくれます。

判します。


教師が教え、生徒は教えられる。

教師がすべてを知り、生徒は何も知らない。

教師が考え、生徒は考えられる対象である。

教師が語り、生徒は耳を傾ける――おとなしく。

教師がしつけ、生徒はしつけられる。

教師が選択し、その選択を押し付け、生徒はそれにしたがう。

教師が行動し、生徒は教師の行動をとおして行動したという幻想を抱く。

教師が教育内容を選択し、生徒は（相談されることもなく）それに適合する。

教師は知識の権威を彼の職業上の権威と混同し、それによって生徒の自由を圧迫する立場に立つ。

教師が学習過程の主体であり、一方生徒はたんなる客体に過ぎない。


このように一方通行の権力的関係を基礎に展開される教育の現実をフレイレは「銀行預金型教育」と命名し、そうした形で「被教育者に受動性を押しつけること」を安易に続けていけば、生徒たちは世界を変えるのではなくそれに適応する行動性

フレイレの代表的な著書である『被抑圧者の教育学』は現在、二種類の訳本で読むことができます。保育者同士で読み合うと、たくさんの発見があると思います。（パウロ・フレイレ『被抑圧者の教育学』小沢有作・楠原彰・柿沼秀雄・伊藤周［訳］、亜紀書房、一九七九年／パウロ・フレイレ『新訳　被抑圧者の教育学』三砂ちづる［訳］、亜紀書房、二〇一一年）

パウロ・フレイレ『被抑圧者の教育学』小沢有作・楠原彰・柿沼秀雄・伊藤周［訳］、亜紀書房、一九七九年、六八頁

を身につけて、頭に刷り込まれた現実の断片に自分の間尺を合わせていくことになる」と、現代教育に内在する権力的関係を厳しく批判しているのです。

興味深いのは、こうして教師（保育者）中心の教育を厳しく批判するフレイレが、「教師の専制下で対話が成立しないように、自由放任主義の下でもやはり対話は成立しない」と、教師（保育者）中心主義と同様に子ども中心主義が、「対話」の対極にある点を鋭く批判している点です。

パウロ・フレイレ『希望の教育学』里見実［訳］、太郎次郎社、二〇〇一年、一六四頁

さてそれでは、フレイレは保育・教育における「対話」を、いったいどのように位置づけたのでしょうか。そして「対話」の思想を保育・教育実践の基本にすえると、実践は具体的にどのように変わると考えたのでしょうか。

たとえばこうした点に関連させて、フレイレはまず、子どもとの間に「対話」を成立させるためには愛と謙譲と信頼が必要になると述べています。

愛と謙譲と信頼に根ざすとき、対話は対等の関係になり、その論理的帰結として参加者相互の信用が生まれる。

『被抑圧者の教育学』一〇二頁

これはよくわかる言葉です。保育者が子どもに対して「愛情」を持つことは当然のことですが、子どもに対して「謙譲」と「信頼」の姿勢で臨むことは、実際には

かなり努力が必要なことです。何かにつけて「教えたがり」の傾向を持つ保育者や、「逸脱」する子どもにいらだつ保育者は、すぐにでも「謙譲」と「信頼」の質をチェックする必要があります。

また、子どもと「対話」を成立させるためには「希望」が必要だとして、次のようにも語っています。

対話は希望がなければ存在しえない。希望は、人間が未完成であるからこそ生まれるのである。そこから人間は、たえまない探求、すなわち他者との親交においてのみ遂行しうる探求へと出立する。

同前、一〇二～一〇三頁

子どもとの「対話」に「希望」が必要だということは、まさにその通りだと思います。子どもと保育者が「希望」を共有するとき、そこに未来に対する「対話」が生まれるということでもあるのですが、後段の、「希望は、人間が未完成であるからこそ生まれる」とはいったいどういうことなのでしょうか。

じつは、この部分を大学生と一緒に読んで、議論したことがあります。もちろん、書かれた意味が理解できない大学生は一人もいなかったのですが、文章を表面的に理解することができても、「対話」と「希望」の深い関係を説得力ある言葉で説明することに苦慮しているとき、一人の学生が次のようなレポートを書いてきたのです。

フレイレの言葉の中に子どもと保育者は同じく「未完成」だから「希望」を持つ、希望を持った人間同士だから、未知なる世界を共同して探究することが可能になる、とありますが、とても印象的でした。

子どもが「未完成」だから「希望」があるというのはわかっていましたが、保育者が「未完成」だから「希望」があるというのは思ったことがありませんでした。しかしこの言葉を受けて、保育者も完璧なのではなく、「未完成」なのだと、ハッとさせられました。保育の現場で子どもとかかわりながら一緒に成長していけばいいのだと思いました。

レポートに記された、「保育者が『未完成』だから『希望』があるというのは思ったことがありませんでした」という文章をきっかけに、大学生の議論が深まったことを今でも思い出します。

そうです。子どもも未完成なら、保育者も未完成なのです。それをあたかも完成した人のように子どもの前でふるまおうとするから、関係が権力的になってしまうのです。自分も未完成だから「希望」があり、子どもも未完成だから「希望」があると考えると、保育室の中は「未完成」な人間の集団になってくるのです。そしてそんな関係性をつくりだすことができれば、力の差のあるもの同士の対等な関係性をつくることが可能になってくるのです。

5　共感的・結論保留的・問い生成的関係

さてそれでは、子どもの声を「意味をつくりだし、世界を創造する主体」の声に誘っていくため、保育者は子どもの声にどのように耳を傾けていけばいいのでしょうか。そしてそこには、一定の原則や法則性が存在したりするのでしょうか。

こうした点に関して参考になるのが、リスニングの原則に関して論述しているリナルディさんの分析です。じつはリナルディさんは『ビヨンド・リスニング』に収められた「ドキュメンテーションと評価――両者の間にはどのような関係があるか」という論文の中で、保育におけるリスニングの原則を十項目にわたって整理しているのですが、その中で、とくに私が注目したのが以下に示す三つの原則です。

こうして対話について語ったあと、フレイレは最後に、対話には「批判的思考」が必要だと次のように語っています。

「真の対話は、批判的思考を含まないかぎり存在しえない。その思考は、世界と人間の不可分の結びつきを求め、その二分化を許さない思考である。現実を動かないものとしてではなく、過程や変容としてとらえる思考である」（『被抑圧者の教育学』一〇三頁）

リナルディさんの論文は以下の著作に転載されていて、その邦訳が里見実さんの訳で出版されています。

おそらくこの三つの原則は、子どもと対話する必要条件と言ってまちがいないと思います。

第一の原則　子どもの声に対して、まずは共感的態度で臨むこと

第一の原則は、「子どもの解釈や視点を承認する態度」を持つことです。子ども同士の思いや考えが多様であることは当然なのですが、そうした子どもの声と保育者の声との間にズレが存在することも、これまた当たり前のことなのです。その場合、自分と異なる子どもの声を「承認する態度」を持つことが、まず何よりも重要として、その内容を次のような言葉で説明しています。

> リスニングは、相手の声を温かく迎え入れ、違いに対して心を開き、他者の視点や解釈の価値を承認する態度を必要とする。

これはよく言われることでもあるのですが、リナルディさんは子どもの声を「まず温かく迎え入れる」ことを第一の原則にあげています。私はこのことを、「とりあえず共感」という言葉で表現してきましたが、とにかく最初の一言が重要なので

Carlina Rinaldi(2006) *In Dialogue with Reggio Emilia: Listening researching and learning*. Routledge（カルラ・リナルディ『レッジョ・エミリアと対話しながら——知の紡ぎ手たちの町と学校』里見実［訳］、ミネルヴァ書房、二〇一九年）

Alison Clark, Anne Trine Kjørholt and Peter Moss(eds.) (2005) *Beyond Listening: Children's perspectives on early childhood services*. The Policy Press. p.20

す。**子どもが発するどんな言葉も、どんな行動も、最初の一言で温かく迎え入れることにポイントがあります。**

これは子どもだけでなく、自分と違う他者と対話しようとするときの大原則でもあります。叱るところから入ってはいけません。反論から入ってはいけません。相手の声を否定するところから入ってはいけません。「あーこう思っているんだ」と、「とりあえず共感」することが重要なのです。

子どもとの関係で、「とりあえず」などという言葉を使うことを不謹慎と思う人がいるかもしれませんが、実際の保育の場で、常に「共感」から入ることは不可能に近いのです。だからここは、演技してでも「共感」するクセを自分の中につけていくことが重要なのです。そうしているうちに、自然に「共感」できる保育者の身体性が育っていくでしょう。

ここではそれを、子どもの声に対する**「共感的態度」**と呼んでおくことにします。

第二の原則　子どもの声に対して、結論保留的態度で応えること

二つ目に大切な原則は、子どもの声を聴いたとき、当然のことながら保育者にはある気づきが起こることになるのですが、そこで生じた気づき・判断・考えをすぐ

には語らず、いったん保留することの大切さです。この点について、リナルディさんは次のように語っています。

リスニングには、深い気づきとともに、自分の判断を、とりわけ思い込みを、いったん保留する態度が求められる。物事が変化することに対して、開かれた態度を必要とする。未知なるものに価値があることをきちんと意識し、確実性が疑問視されるときに味わう、むなしさやおぼつかなさを克服することが求められる。
――*Beyond Listening*, p.20

確かにこれは重要な原則ですが、「教えたがり病」にかかっている保育者には、一番むずかしいのではないでしょうか。子どもの声を聴いたとき、自分の考えがまったく出てこないのも問題ですが、ひらめいた考えや判断を、すぐに話してしまう人が多いのが現実です。

とっさに語られる保育者の言葉が、子どもたちの声を奪ってしまう危険性があることに何よりも大きな問題があるのですが、保育者の「思いつき」や「思い込み」を声に出し、その声にこだわりながらその後の会話が進められると、これはもう最悪の関係になってしまうでしょう。

子どもの声を聴いたとき、保育者の考えと判断をいったん保留すること、これが子

どもと対話する保育者にとって二つ目に大切なことです。これをここでは、**「結論保留的態度」**と呼んでおくことにします。

第三の原則　答えを生み出さないが、新たな問いを生み出すことの重要性

子どもの声に、「あっ、そう考えたんだ。私にはその考えはなかったなぁ」と「とりあえず共感」の態度で臨み、その後、「むずかしい問題だね。いったいどう考えたらいいんだろうね」と結論保留的態度で応答していくと、子どもたちは自分たちで考えていかなければならなくなるわけです。そんなとき、それでも早く結論に連れていこうとする保育者は、子どもの声を誘導しようとしてしまいがちになるのですが、ここで重要なのが、「結論に導くのではなく、新たな問いを生みだすことだ」と指摘する、リナルディさんの次の言葉です。

リスニングは、答えを生みださないが、問いを生みだす。聴くことは、疑問や不確実性から生まれる。あらゆる真理には限界があり、「偽り」の可能性があるということに気づくことは、私たちにとって不安なことではなく、安心できることなのである。——*Beyond Listening*, p.20

おそらくこれは、かなりむずかしいかかわり方だと思います。それはなんといっても、保育者自身が「正解」のない世界をおもしろがって生きる経験をしてこなかったことによります。「正解」に早くたどり着くことをよしとする、そんな日本の教育を「まじめに」経験してきた人は、「正解」がない保育を子どもと一緒につくることに苦痛を感じてしまうのです。

しかしながら、リナルディさんが指摘するように、他者の声を「聴くことは、疑問や不確実性から生まれる」のです。答えがわかっていたら「聴く」必要はないのです。わからないから人は「聴こう」とするのです。そして、わかりたいから相手の声を「聴こう」とするのです。これはまさに、対話的関係を切り結んでいく原則にほかならないのです。

おそらく今、小さな子どもたちとの生活の中で、**話せば話すほど新たな問いが生まれることをおもしろがる経験を**、**意図的につくりだしていくこと**が求められているのだと思います。ここでは、子どもの声に向き合うこうした態度を**「問い生成的態度」**と呼んでおくことにします。

6　脱力する関係は対話の必要条件

さて、子どもと対話する際、必須の要件となる**共感的態度・結論保留的態度・問い生成的態度**ですが、この三つの態度で子どもの声に耳を傾けると、保育室の空気はどのように変わっていくのでしょうか。そして子どもとの関係は、いったいどのように変化するのでしょうか。

こうした問題を、ある園の園内研究会で発表された四歳児の実践記録をもとに考えてみることにします。

おそらく記録を書いた四歳児担当の山口さん（仮名）本人は、まったく意識していなかったと思いますが、ここに記されたかかわりこそが、まさに「共感的・結論保留的・問い生成的態度」ではないかと、読んでいるうちに心が揺さぶられた記憶があります。

山口さんの人間性がなせる業か、はたまた意識的に展開したかかわりなのか、未だにその真相は謎に包まれたままですが、この保育室に流れる空気が、個人的には

全員が実践記録を書いて持ち寄る園内研究会を、この園で十年以上継続しているのですが、まさに「継続は力なり」という感じで、研究会に参加するたびに記録の質が高くなっていることに気づかされます。もちろん、ただ記録を書けば質が高まるわけではありませんし、研究会を重ねれば保育の質が高まるといった単純なものではありません。研究会を重ねると、そこで語られる「正解」の傾向に、記録を合わせようとする保育者が出てくることも事実です。しかしながら、こうした率直な実践記録が出されると、やはりホッとする気持ちになります。そして、そんな率直な記録を大切にし合う園が、子どもと対話する園に成長するのだと思います。

大好きです。

実践は午前中にスライムづくりをし、午後のおやつのあともそのスライムを出して何人かの子が遊んでいる、そんな四歳児の保育室で展開されたものでした。

タイチ「先生、どうしよう。スライム投げたら、上（天井）くっついちゃった」
少し申し訳なさそうな表情で保育者に語りかけてくる。
アキ・ヒナタ「あー！　本当だ。スライム、くっついている」
ナナ・ユイ「あー！　少しずつ、スライム落ちてくるよ」
しばらく、天井のスライムを、みんなで見ている。
タイチ「どうやったらスライム、とれるかなあ？」
保育者「うーん、困ったね。どうしよっか……って話している間も、少しずつスライム、落ちてきてるよ」

まずステキなのが、この「悪事」を悪びれた様子を見せることなく、明るく（申し訳なさそうな表情は見せるものの）「スライム投げたら、上くっついちゃった」と語るタイチくんと、それに呼応して「本当だ」と言い合っているクラスの空気です。そしてそうした子どもの言葉に、叱責の言葉を発しないでつきあう山口さんの

姿勢です。

いや、それだけではありません。その後、タイチくんが投げたスライムは、「非常にゆっくりだが、少しずつ落ち、伸びて」きたと記録には書かれているのですが、それを見た子どもたちの反応が、おもしろいのです。

ナナ「キャー、どうしよう。ナナちゃん、全然、とどかないよ」
タイチ「さとみ先生が椅子に乗ったら、とどく?」
保育者「さとみ先生もだめ、とどかない」
もうこれは椅子に乗り、モップで拭くしかない、と思い、モップを取りに行こうとした。
ヒナタ「あっ、いいこと考えた。こうやって手をお皿にして、スライムが落ちてくるのをキャッチするの」
ヒナタが、やってみせる。
タイチ・ナナ・ユイ・アキ「いいね」「やってみよう」「あー、もう少しでとどくかも」「もう少し、左かな」「ナナちゃんのところかも」
その場にいた子どもたちは、楽しそうにスライムをキャッチしようとしている。
タイチ「さとみ先生も一緒にやってみて!」

こんなやり方でスライムが取れるのか、と思ったが、とりあえず、やってみる。

こうしてヒナタちゃんのアイデアで、まさに人間ＵＦＯキャッチャーのような感じで子どもたちが動き出すことになるのですが、「さとみ先生も一緒にやってみて！」とタイチくんに言われて、山口さんも「とりあえず、やってみる」ところがまたいいなと思います。しかも、山口さんを誘ったのが天井にスライムを投げたタイチくんだという点がおもしろいではないですか。

そしてその後、最初のスライムが落ちてくるのですが、そのときのやりとりが、またおもしろいのです。

ナナ「やっぱり、ナナちゃんのところだった！」
スライムは長く伸び、ナナのところに落ちてきた。
タイチ「ナナちゃんの勝ちー！」
なぜだか、スライムをキャッチする遊びのようになっている。天井についている残りのスライムは、あとで拭くしかないな。
ヒナタ「私、いいこと思いついたでしょう！」
保育者「そうだね。ヒナタちゃんのおかげだね」

タイチくんの、「ナナちゃんの勝ちー！」という言葉もいいですが、ヒナタちゃんの「私、いいこと思いついたでしょう！」という言葉もいいですね。

まさに子どもの「逸脱」が響き合い、思いがけず遊びが誕生し、遊びを発明した子どもが得意げにそれを自慢し、そしてそれを保育者までが「ヒナタちゃんのおかげだね」と感心したように語るわけです。子どもの声に、見事なまでに**共感的・結論保留的・問い生成的態度**で応答する山口さんの姿勢が、おもしろさを広げ合うクラスの空気をつくりだしている点がステキです。

が、ここで終わったわけではありません。「これで一件落着」と、山口さんが別のところに行って子どもの世話をしているとき、またさっきの場所で子どもたちの歓声が沸き起こったと記録には書かれています。

再びキャーキャーと声がするので行ってみると、なんと、さっきのスライムの横に新たに二個のスライムがくっついて、落ちだしている。

保育者「えーー！　二つ増えてるんだけど、どうして？」

アキ「アキちゃんとヒナタちゃんが、投げたの。さっきおもしろかったから」

アキはニヤッと笑いながら言った。

保育者「そうなんだ……。何かスライム、増えてるからびっくりしちゃった」
（困ったな……）

ここでまた二つスライムが増えていく場面は、読んでいて思わず笑ってしまいましたが、本当に保育者と子どもの対等性が確保されたクラスなんだなと、まず思いました。だから、子どもたちは自由に自分の声を出すことができ、自由にさまざまな挑戦をすることができるのです。

おもしろいのは天井のスライムが三つになると、子どもたちの心の動きが、またさっきとは違うものになっていった点にあります。新たなおもしろさを発見し、遊びの質が知らない間にグレードアップしているのです。

ヒナタ「見て、見て、タイチくんのスライムより、私のスライムのほうが落ちてくるのがはやい」
アキ「なんか、糸みたいだね」
タイチ「ぼくのスライムのほうが固いんだよ、きっと」
今回はスピードも楽しんでいる。
また先ほどと同じ状況になる。そして先ほどよりも子どもが集まっている。

ヒナタ「キャッチできた！」
アキ「アキちゃんの、まだ！」
お迎えが多い時間となる。お迎えに来た保護者がクラスのドアを開ける。
保護者「先生、何か大変なことになってますね」
保育者「そうなんですよ〜。びっくりしますよね〜」
ナナ・アキ・ヒナタ「もう一回、やりたーい」

こうして偶然生じた遊びが、落ちるスピードを競う遊びになり、「糸みたいだ」と落ちる様子に関心が動き、そして「ぼくのスライムのほうが固いんだよ」と落ちるスピードが違う理由を推察する活動になっているのです。

そしてそのあと、山口さんが子どもたちにこの活動のことを質問したとき、子どもの語った言葉が、またステキなのです。

保育者「そんなにスライムが落ちてくるの、楽しかった？」
ヒナタ「うん。こういうのがおもしろいのが、子どもなんだもん。ね」
アキ「ねぇ」
ヒナタとアキは目をキラキラさせ笑い合っていた。子どもからこのような言葉が返ってくるとは思わなかったので、笑ってしまった。
保育者「そうなんだね」

子どもと対等な関係をつくることは、なかなか頭で考えてもうまくいきません。保育者が教える人、子どもが学ぶ人といった権力的な関係は、実際にはなかなか払しょくできないのです。でも山口さんのように、子どもの声に共感し、子どもたちに自分の考える結論（正解）を語ることを保留し、子どもの間に問いが広がっていく姿を支えることで、子どもが主人公になる活動が自然に生成していくのだと思います。

7　「対話する主体」として育ち合う四歳児たち

さてこのように考えてくると、**共感的・結論保留的・問い生成的態度**で子どもと関係を切り結ぶことが可能になると、保育はこれまでの常識をこえた、新しい世界に向かって動き出すことがわかります。そしてそういう意味でこの三つの態度は、子どもの声を尊重し、子どもが主人公の保育実践をつくりだす必須の条件と言ってまちがいないと思います。

もちろんそうした実践を日常的につくりだすことは、決して容易なことではありませんが、不可能なことでもありません。少し意識して関係を変えていくだけで、保育実践に新しい地平が開けていくのです。

たとえばこうした保育実践の具体的な姿を、別の園の記録を通して考えてみたいと思います。子どもとの間に対話的関係をつくりだすことを意識的に取り組んできた園で四歳児を担当する杉本さん（仮名）の記録です。

自由遊びが終わり、出していたおもちゃを片づける場面の記録です。

片づけの時間に声をかけて片づけをしていたときのこと。Kが使っていた積み木を片づけていた。全部を片づけようとしていたKと、それを知らなかったY。YはKを手伝おうと、積み木に手を出す。すると、突然、KがYの頭を積み木でたたく。

保育者「えっ、どうして今、Kちゃん、たたいたのよ」

Yは泣き出すが、Kは片づけている。

全員が書いた実践記録を使った実践検討会を何年も重ねる中で出会った記録でした。この年は「四歳児の発達と保育」という研究テーマを掲げて、四歳児保育に特化して実践研究をしたことを覚えています。園内研究会を日常的に実施することが困難な中、こうしてテーマを決めて研究会を積み重ねていく姿勢が、ステキだなと思います。

確かに、ここはKちゃんがYちゃんの頭をたたく場面ではないのだろうと思います。そしてその場面に遭遇した杉本さんが、こうやってKちゃんの行為を注意したのも理解できないわけではありません。いやおそらく、この場面に居合わせた保育者なら、十人中九人が杉本さんと同じようにKちゃんを注意すると思います。

しかしながらそれはあくまでも、二人の行為を外から見ている人の論理です。外から見つめる人の論理と、当事者の中に生起する論理との間には、ときとして深い溝が存在するものなのです。そしてこの場面で杉本さんは、そこに生じた溝の存在など考える余裕もなくKちゃんを注意したのです。

ところがその点に関しては、二人の様子を俯瞰して見ていなかった四歳児クラスの仲間のほうが公平でした。トラブルを聞きつけて、集まってきた子どもたちが、さっそく間に入って話し合いをはじめた場面が、次のように記されています。

W「どうしたの？　なんで泣いてるの？　Yどうしたの？」
Y「Kが、たたいた」
W「なんでK、たたいたんだろう。Kにも聞いてみよう」
W「どうしてたたいたの？」
K「おれが片づけてたのに、Yがやったから」

そうなのです。保育者も、このWちゃんのように質問しないと対話的な関係をつくることはできないのです。空の上からすべてを見ていた人間が、正悪の判断を下した上で話し合いにかかわるというのは、もうそれだけで権力的な関係をつくりだしていることを意味しています。でも、Wちゃんの言葉を受けて、杉本さんも謙虚に問題の解決に向き合わなければと考えたようで、そのあとの展開は対話的な関係へと修正されていくのです。

ほかの子も片づけが終わり、「どうしたの?」と二人のそばにやってくる。
保育者「今、先生もKちゃんが積み木でたたくところを見てたんだけど、その前の二人の話をきちんと聞いてなかったんだよね。KちゃんとYちゃん、みんなに話して一緒に考えてみようか」
K・Y うなずき、座る。
R「今、Kに聞いたら、K全部片づけたかったんだって。でもさ、積み木でたたくのはKよくないよ」
M「今日のきらきらさんになりたかったのかもよ」
T「でもたたくのはよくないよ。バツ」

T「たたいたら、いたいし」
R「K、Yに片づけるって言ったの?」
K「言った」
Y「言ってない!」

保育者がリードしないで、子どもだけで話が進んでいくところがステキです。なんといっても、「Yに片づけるって言ったの?」というRくんの質問が秀逸です。これは大人の口からはなかなか出てこない質問ですね。もしKちゃんが、「この積み木、全部自分で片づけるから」とYちゃんに伝えたにもかかわらずYちゃんが手伝ったなら、いくら手伝うことに価値があるとしても、Yちゃんに非があるとRくんは考えたのです。

いや、それだけではありません。その後、子どもたちは仲間のために、このトラブルの意味と解決法を、あれこれと考えて提案していくのです。

R「Kがたたいたのはよくないし、でも片づけちゃったYもちょっと悪いかもな」
A「でもたたくのはよくないよ。ぶって、またぶって、またぶつと、それがずーっとつづくし」
W「おれもそう思う。Yいたかったよな」

ここでも、たたいたKちゃんの非を指摘しながら、それでも「Yもちょっと悪いかもな」とつぶやくRくんの言葉が光っています。がそれと同時に、その言葉を受けて考えたAちゃんの言葉がいいですね。なんといってもAちゃんは、KちゃんとYちゃんのトラブルをきっかけに世界で戦争が終わらない理由まで考えているのですから。

こうしたやりとりを見ていると、子どもたちは仲間の言葉を聴きながら自分の考えをつくりだす存在なのだと、改めて気づかされます。こうした思考様式を「集団的思考」と呼ぶなら、まさに乳幼児期は「集団的思考」を通して自分の考えを確かにする、そんな時期なのだと思います。

そしてそれと同時に、杉本さんの書いた記録を読んでいると、本当にいいクラスだなと思えてしかたありません。子どもの言葉が自然で、しかも仲間のために懸命に頭を働かせている姿が、手に取るように伝わってきます。

こういうクラスをつくりだす必要条件、おそらくそれはもう、保育者がしゃべりすぎないことに尽きると思います。保育者がいつも、裁判官のように子どもの前に立ちはだからないことが、何よりも重要なのです。自分はすべて正しいことを知っていて、子どもたちは何も知らない、だから私が教えてあげるよという雰囲気をすぐに醸し出す保育者に出会うことがありますが、そんな保育者が子どもの前に立つと、もうそれだけでクラスの中から「対話」の空気は消えてしまいます。

これに対して杉本さんのように、自由で、相互にわかり合おうと懸命になる、そんな空気を自然に醸し出すことのできる態度を、「共感的・結論保留的・問い生成的態度」というのだと思います。そして保育者が「共感的・結論保留的・問い生成的態度」で話し合いに臨むと、子どもまで「共感的・結論保留的・問い生成的態度」で話し合いに参加するようになってくるのです。

さてこうした話し合いが展開されたあと、YちゃんもKちゃんも落ち着いてきたので、杉本さんは最後に二人が今、どんな気持ちか質問したのですが、この受け答えが、またステキなのです。

保育者「そっか。いまみんなでお話しして、いろんな言葉が出てきたね。Yくん、どんな気持ち？」
Y「片づけたかった。でもちょっと悪いかも」
保育者「Kくんはどんな気持ち？」

K「ぶって悪かった。みんな、話を聞いてくれてありがとう」

Yちゃんも Kちゃんも自分の行為を素直にふり返り、自分の非を認める言葉を発している点が印象的ですが、四歳の二人が、なぜこんなにも素直に自分の非を認める発言をしたのでしょうか。

おそらく多くの人が気づいていると思いますが、それは二人とも、自分の声をきちんと受け止めてもらったからなのだろうと思います。自分の声を聴いてもらった子どもだけが、相手の声を聴く力を獲得していくのですが、このやりとりの過程では大人である保育者だけでなく、クラスの仲間たちが自分の声を、ここまでていねいに聴いてくれているのです。

いや、聴いてもらう経験だけではありません。クラスの仲間たちが、自分の心の中を理解しようと頭を働かせ、自分の気持ちの代弁までしてくれたのです。仲間の「対話する精神」を感じとったから、そんな仲間の言葉を自分の中に取り込んで、「勝手に手を出しちゃったぼくも、ちょっと悪かったかもな」とYちゃんは反省し、Kちゃんはたたいたことを反省したのだと思います。

8　リスニングは「関係の網の目」の中で

子どもたちのこんな姿を見ていると、保育の中で子どもの声に耳を傾けることの意味について改めて考えさせられることがあります。それは子どもの声を聴くという「リスニング」の行為が、相互に「聴き合う関係」として存在している事実です。

自分の声を共感的・結論保留的・問い生成的に聴きとられた子どもは、相手の声を共感的・結論保留的・問い生成的に聴きとる子どもに育っていく。

こうした関係性を通して、子どもたちは「対話する主体」に育っていくのですが、その際、子どもの声を「リスニング」する主体は、何も保育者に限定されているわけではないのです。集団保育の中で子どもの声は、周囲にいる子どもたちによっても聴きとられているのです。

いや、それだけではありません。子どもたちは、保育者に一方的に声を聴きとられる客体として存在しているのではなく、保育者の声を聴く主体としても存在しているのです。つまり子どもたちは、仲間の声に耳を傾け、保育者の声に耳を傾ける「リスニング」の主体なのです。

このように考えてくると、保育室には相互に「聴き合う関係」が網の目のようにはりめぐらされ、そうした関係の中で、子どもたちが育っていることがわかります。そしてそうした認識に立つと、これまで自明と考えられてきた保育者の役割と責任に、大きな変化が求められることになってくるのです。

一つ目に、**保育実践における「子ども理解」の位置づけを変える**必要が生じてきます。

これまでの保育実践論においては、「子ども理解」を保育実践の最優先事項と位置づけ、子ども理解を起点に実践を構築する必要性が、当然のように語られてきました。そしてそれは本書においても同様で、子どもの声に「共感」と「ひらめき」で応える保育実践において、「共感」と「ひらめき」の間に立ち上がる「子ども理解」の質を高めることを保育実践創造の必要条件として論じてきました。

しかしながらこうした保育に対する考え方は、子ども理解の主体として保育者を位置づけ、保育者に理解される客体として子どもを位置づける、そんな関係を前提に議論を構築する危険性を持ったものでもありました。また同時に、子どもは理解可能な存在であり、保育者は子どもを理解する能力を持った専門家であるという考えを前提にした保育観でした。

ところがすでに見てきたように、子どもは、ただ保育者に理解される客体として存在しているわけではありません。保育者の理解をこえた世界を生きる権利と能力を持っているのも、また子どもという存在なのです。そんな子どもの力を信頼し、子どもの力を借りながら一緒に保育をつくることが、今、保育実践には求められているのです。そしてそんな感じで子どもの声に耳を傾けることで、本当の意味で子どもが主人公になる保育をつくることが可能になるのです。

本書の中で何度も登場してきたイタリアのレッジョ・エミリアではこのことを、「三分の一の確かさと、三分の二の不確かさと新しさ」というメタファーで語っています。保育者が子どもと保育を理解・予測できるのは三分の一程度で、あとの三分の二は、理解困難な世界を、子どもと一緒に読み解いていく、そんな関係がこれからの保育実践には求められているということなのだと思います。

そしてこうした問題にかかわって、二つ目の変化をつくりだすことが必要になってきます。それは、子どもの声を聴き、子どもを理解することを通して、子どもが

C・エドワーズ、L・ガンディーニ、G・フォアマン［編］『子どもたちの100の言葉――レッジョ・エミリアの幼児教育』佐藤学、森真理、塚田美紀［訳］、世織書房、二〇〇一年、一三六頁

一般に「隠喩」と訳されるメタファーですが、レッジョ・エミリアで「メタファー」を好んで使う理由について、リナルディさんは次のように述べています。
「私たちが大のメタファー好きなのは、疑う余地がない。ぶっちゃけた

抱える困難な状態に「足場」をかけることを保育者の大切な仕事と位置づけてきた、**一般に「足場架け（足場づくり）」（scaffolding）と呼ばれる保育理論の修正**です。

この「足場架け」という保育理論は、心理学者のヴィゴツキー（L. S. Vygotsky）が提唱した最近接発達領域（発達の最近接領域）の思想を保育・教育実践に応用した方法理論として有名です。心理学者のブルーナー（J. S. Bruner）が提唱して以来、教育心理学の分野で開発されてきた歴史を持っています。

子どもが「すでに自分でできること」と、「適切な援助があればできるようになること」との間にある領域をヴィゴツキーが最近接発達領域と呼んだことは有名ですが、この領域の中に発達課題を見出し、その発達課題を克服させるために有効な援助の方略を、適切に「足場架け」することで子どもの発達が保障されると定式化したのが「足場架け」理論です。

言われてみれば当たり前の保育理論のように思えますが、実際に個々の場面で最近接発達領域を見出し、適切な「足場架け」をすることが容易な課題でないことは、少し考えれば想像がつくと思います。そして、先に指摘した「子ども理解」の具体的内容が、この「足場」（適切な援助）の発見にあるということも理解できると思います。日本の保育理論の中では少しなじみが薄い「足場架け」理論ですが、じつはこれまで「子ども理解」とか「子ども援助」という言葉で語られてきたことの

話、それは子どもたちが大のメタファー好きで、それをやたらと使うからだ。〔中略〕新しい着想を得たものの、それを従来の概念では表現したくない少数の人々の集団（だからそれが子どもたちであっても一向に構わない）の内部で、メタファーが特に有用視されていることに、われわれは注目したい。うっかり従来の表現を使うと、話があらぬ方向に逸れてしまいかねないからである」（カルラ・リナルディ『レッジョ・エミリアと対話しながら――知の紡ぎ手たちの町と学校』里見実［訳］、ミネルヴァ書房、二〇一九年、一二〇頁）

ほとんどは、この「足場架け」に関することだったのです。

もっとも、こうして語られる「足場架け」に関する議論は、子どもを集団から独立した存在として理解し、一本釣りで子どもの保育を考える発想で語られることが一般的でした。つまり、それぞれの子どもに、それぞれ適切な「足場」を準備する議論が一般的だったのです。

これに対して、保育室を「関係の網の目」として理解する保育論では、保育者が個人的関係で「足場」をかける努力をしなくても、子ども同士の関係性の中から、それぞれの子どもにふさわしい「足場」が生成してくると考えるわけです。つまり、保育者と子どもの個別の関係で語られてきた「足場架け」理論を、「集団的足場架け」理論に転換することが必要になってくるのです。

重要な点は、こうして保育室の中に「聴き合う関係」がつくられていくと、保育者＝教える人、子ども＝教えられる人という、これまで保育室を支配してきた権力関係に変化が生じることにあります。保育室は、教える人＝学ぶ人という関係を基礎にした空間から、問いをつくりだす空間に変わっていき、「聴き合う文脈」が多元的にはりめぐらされた「学びの空間」になっていくのです。

そしてそうした関係を保育室につくりだすことで、子ども同士の話し合いは自由でオープン・エンドな性格を帯びることになり、それぞれの子どもが「探求する学

こうした点は、「足場架け（づくり）」の議論を提唱したブルーナー自身も気づいていたようで、実際の教育場面で「足場架け」をする場合、「ただ教師がその役割の独占者としてふるまうのではなく、学習者もまた互いに他者の『足場』となり合うこと」が重要だと論じています。（J・S・ブルーナー『教育という文化』岡本夏木・池上貴美子・岡村佳子［訳］岩波書店、二〇〇四年）

び」と、子どもたちが集団的に取り組む「協同する学び」とが相互に響き合う関係になっていくのです。もちろんそうした関係の中では、保育者の役割も変化することが求められます。

たとえばこうした点について、レッジョ・エミリアのリナルディさんは、「教師の役割として定型化されている『足場架け（scaffolding / sostegno）』という概念」を、「個人と集団の学びをサポートする環境、それを将来性豊かなものにしていく互恵的な関係性」へと転換することが求められていて、そこで実践する保育者には、「学びが自律的に立ち現れるそのプロセスを観察し、記録し解釈すること」が求められると述べています。つまり、子どもたちが「関係の網の目」の中で、相互に学び合い、育ち合う関係をつくりだしていくプロセスを記録し、その記録をもとに、「聴き合う文脈」がはりめぐらされた「学びの空間」をつくりだすことに、保育者の役割が存在しているというのです。

『レッジョ・エミリアと対話しながら』一〇九頁

「子どもの声」に耳を傾ける「リスニング」の保育実践が、一人ひとりの子どもの声に焦点を当て、その「声」にていねいに応答する議論へと傾きがちな中、「関係の網の目」をつくる実践の構築は、保育を新しい地平に連れていくことになるでしょう。そしてその場合、子ども同士の関係性が持つ教育力への信頼と、そうした関係性をつくりだす保育者の実践力量が問い直されることは言うまでもありません。

第4章

逸脱と参画の保育実践

多様性の時代の子どもの声

1　多様性の時代の保育実践

ダイバーシティ（diversity）という言葉の広がりとともに、保育における多様性の問題に注目が集まるようになってきました。違いがあることを基本に、多様な人間が共存することを大切にする多様性の原理は、差異性と個別性を前提につくりだされる保育実践と親和性が高く、多くの保育者が抵抗なく受け入れることができる思想の一つだと言えるでしょう。

実際、保育者は多様性という言葉に抵抗がないだけでなく、むしろこの言葉を好んで使う傾向にあるのですが、その一方で集団から「はみだす」子どもたちを、「社会性」の発達に課題のある「逸脱児」と平気で問題にしたりするのです。「多様性」の尊重と「逸脱」の否定とを同じ地平で語ることができるのは、多様な子どもを受け止めた上で（多様性の尊重）、同一性の原理で彩られた集団の中に巧みに誘うこと（社会性の涵養）を保育実践の神髄と考えてきた、これまでの集団保育の実際を、多くの保育者が疑うことなく受け入れてきたことと無関係ではありません。

こうした保育の現実を、保育者の「無意識の管理主義」に導かれて展開される「適応主義の保育実践」とこれまで呼んできましたが、多様性の時代の保育実践は、まずこの「適応主義の保育実践」を批判的に克服することからはじめる必要があるのです。なぜなら、保育者の願いに能動的に「適応」することを良しとする「適応主義の保育実践」は、「適応する主体」に育つために自分の要求をあきらめる態度を子どもたちに要求しますし、自分の要求をあきらめない能動的な子どもを「逸脱児」と位置づけてしまうことになりがちだからです。

もっとも、こうやって「適応する主体」として発達することを否定的に論じたりすると、本当は多くの保育者の中に悶々とした思いが広がっていくのではないでしょうか。そして次のような疑問の声をあげたくなるのではないでしょうか。

「社会に適応することは、そんなに悪いことなのですか?」
「社会のルールに従わないで、逸脱することがそんなにすごいことなのですか?」

そして議論は、再び「適応」か「逸脱」かといった二元論に逆戻りしていくことになるのですが、もちろん、私は「適応」全般を批判しているわけではありません。そしてそれと同時に、「逸脱」一般を推奨しているわけでもありません。

「逸脱」を許容することと、「多様性」を認めることには深い関係があります。しかしながら「多様」な存在を許容する「多様性」の議論は、ときとして「逸脱」を生みだしている社会的要因を隠蔽する危険性を持っています。差別や貧困の問題を「多様性」という言葉で表現することで、根本にある問題を見えなくしてしまう危険性があるのです。またそれと同時に、「多様性」の名のもとに、「障がい」を持った子どもの発達を保障し、その状況を変える努力を正当に評価する議論を軽視する危険性があることも無視することはできません。

人間が周囲の環境に「適応」する力は社会の中を生きていく上で必須の能力であり、それ自体は否定すべきものではないのです。たとえば心理学者のジャン・ピアジェ（Jean Piaget）は、人間が環境に対して「適応」する機能を「同化」と「調節」という二つの概念で説明しています。環境に適応するために、環境の方に修正を加える機能を「同化」、自分の方に修正を加える機能を「調節」と命名し、両者を深くかかわらせながら環境に「適応」していくのが人間だというわけです。

これは確かに、卓見だと思います。そしてピアジェの考えに学ばせてもらうなら、いつも「調節」の機能ばかり働かせ、周囲の環境に自分を合わせることに懸命になる生き方を、ここでは問題にしてきたわけです。周囲の環境に適応するために自分を変えようとするとつらくなることがありますが、環境そのものの否定的要因を変革すれば、容易に問題が解決することがあるのです。こうした視点も含めて、周囲に広がる社会や環境と向き合う力を子どもの中に育てることを保育実践の課題に位置づけていくことが大切になってくるのです。

そしてそうした視点に立てば、これまで集団から「逸脱」していると考えられてきた子どもたちを、「意味生成の主体」として歓迎する姿勢が保育実践に求められることになりますし、そこで生じる「差異」と「逸脱」を前提にした関係づくりを保育実践の中心課題に位置づけることが必要になってくるのです。

「適応」(adaptation)を「同化」(assimilation)と「調節」(accommodation)の相互作用で説明するピアジェは、人間は生物的営みにおいても「同化」と「調節」をくり返しながら環境に「適応」しているが、それは認知的側面でも同じだと論じています。そしてその場合、「調節なき同化が存在しない」ように、「同化なき調節も存在しない」と、両者が常に一定の「均衡」を保つように認知機能を働かせているところに人間の特徴があると論じています。（J・ピアジェ『ピアジェに学ぶ認知発達の科学』中垣啓［訳］、北大路書房、二〇〇七年）

「逸脱」という言葉は社会のルールから外れる否定的なイメージとともに語られることが多いのですが、芸術・文化分野では伝統や常識から

「逸脱」することは、新しい表現様式を生みだすエネルギーと考えられてきました。オリジナリティを追究する芸術家にとって、質の高い「逸脱」の世界をつくりだすことは、まさに自分自身の存在をかけた営みなのです。

2　保育の中の「逸脱児」たち

「逸脱する主体」ということで頭に浮かぶのが、『いやいやえん』（福音館書店）や『ぐりとぐら』（同上）の作者として有名な中川李枝子さんがまとめた『子どもはみんな問題児。』（新潮社）というエッセイ集です。

東京都立高等保母学院卒業後、十七年間勤務した「みどり保育園」で出会った子どもたちとのあれこれを起点に、中川さんの目に映った「問題児」の姿が、やさしいまなざしとともに描かれたステキな一冊です。

この本に登場するエピソードの一つに、ガス器具の販売にきたセールスマンの話があります。いろいろとガス器具の内容を説明してくれる販売員が、話しているうちに保育園時代の教え子のケンちゃんだということがわかっていくのですが、その後、中川さんの家でケンちゃんが語る二十年前の園生活の思い出が、興味深い内容とともにそこには紹介されています。

ぼくは時々保育園の約束を破って物置に入れられたけれど、本当はあそこに入るのが好きだった。運動会やクリスマス会のお道具がしまってあるのに触れるし、ふしあなからホールにいるみんなが見えたから。でも、先生に悪いからいやだいやだって、いやなふりをしたの。……………中川李枝子『子どもはみんな問題児。』新潮社、二〇一五年、一四頁

いや、それだけではありません。保育園のそばに沼があり、その沼は「危ないから絶対行ってはいけない決まりになっていた」というのですが、ケンちゃんはそれを承知で、一人こっそり見に行ったというのです。

背よりも高い葦のしげみに迷い込み、泣きたいのをガマンしてじっと耳をすますと、保育園の方から声がして、それを頼りに抜け出した……………同前、一五頁

保育時間中に園を抜け出すなんて、本当にとんでもない「問題児」のケンちゃんですが、それでも毎日をこんなにドキドキ・ワクワクしながら過ごしていたケンちゃんは、保育園が楽しくてしかたなかったのだと思います。そして、そうやって発見した「おもしろさ」が豊かに広がれば広がるほど、ケンちゃんの思考と想像の世界は拡大し、保育者が用意した「楽しい」活動につきあう暇などなくなってしま

うのだと思います。

つまり、ケンちゃんのように集団から「逸脱」してしまう「問題児」たちは、本当は周囲に広がる多様な世界に「おもしろさ」を発見する天才たちであり、ほかの誰よりも「能動的」に活動することができる子どもなのです。そして乳幼児を対象にした集団保育が、そうやって「能動的」で「主体的」に活動する子どもの姿を大切にするなら、当然のことながらこうして集団から「逸脱」する子どもたちは、保育者にとって愛すべき存在であると同時に、歓迎すべき対象にほかならないのです。

もっとも、当の保育者にしてみれば、中川さんのエッセイに登場するケンちゃんのような子どもはまだかわいいほうで、保育の世界には、もっと大変な「逸脱児」たちが多数存在しているのだと反論したい気持ちになってしまうこと、それはよくわかります。そしてその姿を「その子らしく自分づくりに勤しんでいる存在」として受け止める余裕など自分にはなく、ましてそんな子どもたちを「歓迎すべき」対象と考えることは不可能だと思う人がいること、それもよくわかるような気がします。

実際、保育の現場には、かなり多様な「逸脱児」たちが存在しています。

たとえばケンちゃんのようにさまざまなことに興味が向き、興味を持ったらその課題に夢中になってしまう「興味集中型逸脱児」とでも呼ぶべき子どもたちがいます。このタイプの「逸脱児」は、保育する側にしてみれば、ときに「頼もしさ」さえ感じてしまう、まさに愛すべき「逸脱児」たちなのです。大変ではあるけれど、おもしろい存在でもあるのです。

しかしながら、このタイプと似ているものの、次から次へと興味が移っていく「興味拡散型逸脱児」になると少し事情は違ってきます。このように興味が拡散し、毎日フラフラしながら生活する子どもになると、やはり保育者にしてみれば「集中力」や「協同性（協調性）」に難のある「気になる子ども」と位置づけられるのが常なのです。

一方、こうした子どもに対して、すべてにおいて消極性が目立つ「気になる」子どもがいます。やりたい気持ちはいっぱいあるのに、なんらかの不安がブレーキになって身体が自由に動かない「不安表出型逸脱児」と、無気力を絵に描いたような「無気力・無関心型逸脱児」がこのタイプに相当します。

前者の場合は、その子が抱える不安を取り除くため、あの手・この手を使いながら策を講じることになるのですが、後者の場合は保育者の奮闘努力のかいもなく、なかなか変化を引き起こすことができない、まさに保育者泣かせの「逸脱児」として目の前に立ちはだかる場合が多いからやっかいです。

またこうした「逸脱児」とは少し異なりますが、さまざまなハンディキャップを

ここに整理した「逸脱」の四類型は、保育現場で見られる現象を分類したものですが、「逸脱」の心理的側面からみるともう少し別の分類が可能になります。

・一つ目は、社会の中で常識（当たり前）と考えられていることへの批判としての「逸脱」です。批判的逸脱という言葉で表現することができる「逸脱」行為です。

・二つ目は、社会の常識（当たり前）と考えられている価値観が、そこに属さない人間を排除する形で生みだされる「逸脱」です。制度的逸脱とここでは呼んでおくことにします。

・三つ目は、世間の中で何となくつくられる同調要求になじむことができず、そこに居ることに居心地の悪さを感じてしまう「逸脱」です。消

極的逸脱と一応ここでは呼んでおくことにします。

三つの逸脱行為は深いところでつながっていることは当然ですが、乳幼児の場合、こうした問題を意識化することが困難です。しかしながら保育する保育者が、こうした「逸脱」行為を子どもたちの「異議申し立て」と読みとることに重要な意味があると思います。

持って生活する子どもたちがいるのも事実です。こうした子どものことを、保育者は「逸脱児」とか「問題児」という言葉で表現したりはしないのですが、クラス一丸で活動に取り組もうとするとき、一緒に行動することに困難を伴う点においては、やはり「逸脱」する子どもの一つのタイプと位置づけることができると思います。

問題が深刻なのは、こうした形で個性的に活動する子どもたちは、家庭でも、集団保育の場でも、親や保育者によって否定的な言葉をかけられることが多くなり、自分を肯定的に受け止めてもらう心地よさを十分に経験しないまま成長する点にあります。そしてそのため、乳幼児期に形成する自我世界に歪みが生じてしまい、保育者や仲間に対していらだちの感情をぶつけることが多くなってしまうのです。

ここには記しませんでしたが、家庭内で虐待を受けた子どもが園内で荒れた行動をとるケースが一九九〇年代に入るころから報告されるようになってきました。家庭内で「良い子」を生きる子どもが、園内では手のつけられない「逸脱児」になってしまうケースがこれに該当します。「複合型タイプ」とでも呼ぶべき子どもですが、このタイプの子どもの問題を園内だけで解決することには限界があります。しかしながらこうしたタイプの子どもも含めて、「逸脱」する子どもの問題を保育実践の中に位置づけることが求められていることは否定できない事実です。

3 「はみだしっ子」から学べ

と、こんな形で集団から「逸脱」する子どもたちの姿を議論していると、集団保育の現場はこうした子どもたちに振り回され、さぞかし保育者は疲れ果てた生活を送っているのだろうと心配になってきますが、当の保育者は意外と元気で、むしろそんな子どもの存在を「楽しむ」気配さえ醸し出しているから不思議です。

それはなんといっても、個人差の大きい乳幼児の集団保育においては、すべての子どもがみんなそろって同じ活動をすることを、最初から期待していないからだと思います。周囲に広がる世界を驚きとともに見つめ、「おもしろさ」を求めて活動する子どもたちの生活が、**個別性・差異性・偶発性**に支えられて広がっていくことを、保育者たちは保育実践の前提として理解しているのです。

そしてそれゆえ、こうして**個別性・差異性・偶発性**の世界をおもしろがって活動する個性的な子どもとの出会いを楽しみに、保育者は毎日の実践をスタートさせていくのですが、それでも現実の保育の現場が、そうした営みを「楽しみ」と思えるほど単純なものではないことも確かな事実です。保育者にとって理解困難な子どもとの出会いは、確かにおもしろくもあるけれど、実際には不可解なことのくり返しでもあるのです。

たとえば、保育室の棚に並べてあるぬいぐるみを、ことごとく床に投げたかと思えば、また棚の方に投げ返す遊びをくり返すヒロくんという二歳児の姿を、担任保育者の中沢さん（仮名）が次のような記録とともに紹介してくれたことがあります。

保育室でヒロくんがおもちゃ棚のぬいぐるみ人形を、すべて床に放り投げたと思うと、今度は床のぬいぐるみを一つずつ拾い、元の棚の方へ放り投げているのです。

保育者「お人形は全部出さないで！　使いたいのはどれ？　投げないで、やさしくお片づけしよう」

やさしく話したつもりだが、ヒロくんに私の声は届かず、ヒロくんは棚のぬいぐるみを床に投げては、また棚に投げ返す動作をくり返すのみ……。

中沢さんにしてみれば、しごく当然の対応だったと思います。でも、中沢さんの声はヒロくんに届かず、ヒロくんはぬいぐるみを投げ続けたというのです。

もちろん、こんなヒロくんに対して、指示と説教の言葉をくり返す保育者がいることも事実です。しかしながら中沢さんは違いました。自分には理解できないヒロくんの行為の中に、必ずヒロくんのつくりだす「意味」の世界があると考え、じっとヒロくんの行動を観察することにしたのです。

何をしたいのか理解できなかったので、しばらく様子を見ていたら、今度は突然、歌いながらぬいぐるみを投げはじめたのです。

ヒロ「チャンカ　チャンチャン」

この文章を読んでも、私にはヒロくんの行動の意味を理解することはできませんでした。でもそこは、毎日を一緒に過ごす保育者です。ヒロくんの口ずさむメロディーを聞きながら、ピンときたと記録には記されています。

ヒロくんは、いつも来るゴミ収集車の音を出しながら、ぬいぐるみを棚に放り投げていたのです。この行動を見て、私にもやっとヒロくんの行動の意味が理解できました。

保育者「ヒロくん、ゴミ収集車なんだね」

私の声に、ヒロくんは笑顔でうなずき、一層大きな声で「チャンカ　チャンチャン」と歌いながら人形を放り投げたのです。

私は、棚の人形を全部出し（とてもちらかっていました）、放り投げて入れるという行動に迷いを感じたのですが、ヒロくんのゴミ収集車を観察する力、イメージする力はものすごいものだなと思い、ヒロくんが満足するまで見守ることにしました。なんといっても遊びの中のヒロくん、実際の作業員がゴミ収集車に入れるように後ろ向きに放り、収集車のレバーを引く動作や、ボタンを押す動作までしていたのですから。

この実践記録は、横浜で開催された実践研究会に提出されたレポートでした。所属する園をこえて、保育の真実を求める保育者たちが集った研究会でしたが、さすがに横浜の保育者たちは、この「チャンカ　チャンチャン」という文字を見て、すぐにピンときたようです。

ヒロくんの行動の意味がわかった中沢さんは、その意味を理解したとたん、ヒロくんの行動をやさしく見守ることができるようになったといいます。いやそれどころか、一連の行動を支えているヒロくんの「観察する力、イメージする力はものすごい」と、その育ちの姿に感動すら覚えるようになっていったというのです。

大切な点は、中沢さんが「どんな行動にも、必ず意味がある」という信念にもとづいてヒロくんの行動を観察し、その行動に隠された意味を探ろうとした事実の中にあります。そしてそうした「共感」の努力を重ねる過程で、ヒロくんの口ずさむ「チャンカ　チャンチャン」のメロディーに「ひらめき」を感じた瞬間、すべての謎が解け、その発達的意味に確信が持てるようになっていった点が重要です。

もっともそうはいうものの、こうしてヒロくんの行動をほほえましく見つめていると、今度はほかの子までが楽しそうにぬいぐるみを投げはじめ、クラス中にぬいぐるみを投げる遊びがはじまっていったというから大変です。ヒロくんの行動を起点に、二歳の子どもたちと保育者との間で新たな実践の創造が模索されることになっていったといいます。

まさに、「はみだしっ子から学べ」という保育実践の鉄則が、ここには存在しています。

このクラスとは異なりますが、別の園でも同じようなシチュエーションになったとき、大型ゴミ収集車を保育者たちが手づくりした実践を聞いたことがあります。鉢巻きをして作業に勤しむ子、帽子を反対にかぶって運転する子、ダブダブの軍手でゴミを収集車に放り入れる子と、まさに気分はゴミ収集の作業員という感じで、二歳児の遊びは三十分以上続いたと報告されていました。

4　「意味」と「記号」との不思議なつながり

もっとも、こうして子どもの不思議な行動の意味を、保育者の「ひらめき」とともに理解できることがある一方で、いくら観察を重ねても、子どもの行動の意味を理解することが困難な場合だってあります。**個別性・差異性・偶発性**を生きる子どもたちは、保育者の常識とは異なる形で自分の中に「意味」の世界をつくりだし、その「意味」の世界を独特な「記号（コトバ）」とともに表現したりするのです。

たとえば次に紹介するのは、三歳で幼稚園に入園したダイキくんとのやりとりを記したものです。こだわりの強いダイキくんは、自分の意に反することに遭遇するとパニックになり、入園当初からトラブルをくり返す子どもだったといいます。保育者の常識では容易に理解できないダイキくんの行動と言葉の世界を、担任になった田中さん（仮名）はリアルなやりとりの記録として描き出していました。

片づけが終わったというのに、シンジくんはテラスにいて、部屋に入ってこない。
保育者「そろそろ、おやつだよ。ドアがしまりますよ～」
やさしく呼びかけたにもかかわらずシンジくんは無反応。どうするかなと思っているると、部屋の中にいたダイキくんが、「わー」と走ってきてシンジくんを押してしまった。ダイキくんの勢いがあまりに強く、二人一緒に倒れてしまう。
保育者「どうしたの?」
ダイキ「押したかったの」
保育者「どうして?」
ダイキ「押すの、好きだから」

三歳児のクラスでよくみられる子ども同士のトラブルといえばその通りなのですが、田中さんはダイキくんがシンジくんを押した理由がどうしても理解できないのです。そしてそれ以上に、その理由を語るダイキくんの「押したかったの」という言葉に違和感を覚え、それに続いて語られた「押すの、好きだから」という言葉に、今度は「ショック」を受けたというのです。

「押すの、好きだから」という言葉にはショックを受けた。そうじゃないよね。

押してしまった理由、あるよね、と思い、そこを言葉にしてほしいと思った。

実際、ダイキくんの言葉を聞いた感想がこのように記されていますが、そこにはダイキくんの行動の意味が理解できないだけでなく、行動を説明するダイキくんの姿にどうしても「共感」できない、田中さんの感情世界が表現されているように思います。

もちろん、保育者の中には、こんなダイキくんの言葉を「おもしろい」と感じる人がいることも確かです。おそらくそんな人は、ダイキくんの言葉を「外国語」でも聞く感覚で楽しむことができる人なのだろうと思います。表現しようとする「意味」の世界は同じでも、その意味を表現するために、いつも独特な「記号（コトバ）」を選択するのがダイキくんだと考えるわけです。するとダイキくんの選択する言葉の世界が、とたんに興味深く、おもしろいものに聞こえてくるから不思議です。

一般にこうした「意味」と「記号（コトバ）」の関係を「言語の恣意性」と呼んだりしますが、同じ犬を日本語では「イヌ」と呼び、英語では「ドッグ」と呼ぶように、「意味」の世界をどんな「記号（コトバ）」で表現するかという点に必然性はないのです。

もっとも、この段階ではダイキくんが言葉に込めた「意味」の世界が理解できな

「言語の恣意性」はスイスの言語学者F・ソシュール（Ferdinand de Saussure）が提唱した概念です。一般に「恣意性」と言われているこの言葉はconvention arbitraireというフランス語を翻訳したもので、意味内容と記号との間に「そうでなければならぬ必然性を欠く、何か他のものであっても一向に差支えなかったような社会的取り決め」という内容だと説明されています。

ただし、言語の一般的原理を表現したと言われるこの「恣意性」という概念ですが、鳥の鳴き声のようなオノマトペには一定の「必然性」が内包されている場合があり、すべての言語を「恣意性」という概念で説明することはできないという議論もあるようです。（鈴木孝夫『教養としての言語学』岩波書店、一九九六年）

かった田中さんも、ダイキくんの行動と言葉に隠された「本当の意味」を知りたくて、ダイキくんとの対話の記録を書きためていきました。そしてそうやって書きためた記録を園内で集団的に検討する過程で、しだいにその意味が理解できるようになっていったというのです。

たとえば、別の日の記録には、次のようなやりとりが記されていました。

ほかの子がプール遊びのため、園庭に設置したプールに入っているのに、ダイキくんはプールに入ることを拒否し、絵本を見ていたが、やがてプール遊びをする仲間が気になるのか、テラスで体操をする仲間の方をジッと見ていた。
保育者「体操しようか」
ダイキ「する」
ほかの子がプール遊びをはじめたところで、
保育者「見に行ってみようか?」
ダイキ「行く（こう言いながらプールバックを持つ）」
保育者「水着、着てみようか」
ダイキ「そんなことはありません」

この園の保育者は、本当にていねいに実践の事実を記録に整理することができる保育者たちでした。子どもの声を受け止めたあとの「ひらめき」の質は保育者によって多様でしたが、記録をもとに「対話」の精度を高めようとする誠実さには、どの保育者にも頭が下がる気がしました。その成果が、時間の流れとともに明らかになった姿が、ダイキくんの実践記録には表現されています。

ダイキくんは、普段から特別に「ていねい」な言葉を選ぶ特徴があるのですが、それと同時に、最後の「そんなことはありません」という言葉に象徴的に表現されているように、自分の中に形成された「意味」の世界と、自分が知っている「記号（コトバ）」との間に独特なルールをつくりだすことが得意な子どもだったのです。

おそらくダイキくんの場合、小さなルールを自分の中にいっぱいつくりながら生活しているのだと思います。だからおそらく、「部屋に入る時間」というルールを守らないシンジくんのことが許せなくなってしまったのでしょう。そして、「入らなければだめということを伝えたかったの」といった意味の世界を、「押したかったの」という言葉で表現したのだろうと思います。

実際、田中さんにダイキくんのこうした特性が理解できるようになると、ダイキくんとの関係のつくり方に変化が生じてきたといいます。そしてそうした変化が、ダイキくんの中に育った「関係をつくる力」を変容させていった点が重要です。

> このころ、このようなトラブルを起こしたとき、自分の気持ちが表現されると、安心したように保育者に顔を押しつけて泣くことが多くなってきた。「○○だよね」というと、「ウンウン」とうなずいたり、「そうそう」と言ったりして、すぐに泣き止む。

そうなのです。こうして「外国語」のように話すダイキくんの言葉を受け止めながら、「おそらくこんなことを語ろうとしているんだろうな」と頭の中で想像して、その意味世界を表現する「日本語」で語りかけていけばいいのです。するとそうした保育者の「ひらめき」にもとづく応答関係が、今度はダイキくんと保育者との間につくりだされる不思議な共感関係に発展していくのです。

5 「逸脱」を仲間との関係に位置づけて

ヒロくんの場合も、ダイキくんの場合も、保育者が子どもとの関係を創造していく過程で活動が立ち上がり、発達課題が明確になっていった点が重要です。そしてそうした発達課題は、子どもの「要求」の中に「明日への願望」を読み取っていく、保育者の対話能力に支えられて具体化させられていった点に特徴がありました。

やはりここでも、共感的応答関係を基礎にした「子ども理解」がカギを握ることになるのですが、じつはその場合、もう一つ大切な視点があることを見落とすわけにはいきません。それはここに登場した「逸脱児」を含めて、子どもたちが仲間との関係性の中を生き、活動している事実です。

たとえば次に紹介するのは、発達に課題を持つイオリくんが、クラスで取り組む「オオカミと七ひきのこやぎ」の劇に参加した実践です。もっとも、「劇に参加」といってもほかの子のように特定の役につくわけではなく、いつも指をしゃぶった状態で、サポートのためついている山本さん（仮名）に抱えられて、ただみんなの練習を見ているだけだったといいます。

ところがそんなある日、みんなが劇の練習をしている中、突然イオリくんが立ち上がったと思うと、四角い積み木をつかんで舞台の前まで歩いていき、その積み木を舞台のそでに置いて、手で積み木をバンバンとたたきはじめたというのです。そのときの様子を、山本さんが次のように記録にまとめています。

舞台で練習していた子どもたちは、イオリくんの突然の行動にあっけにとられ、しばし劇の練習は中断してしまった。

私もイオリくんの行動の意味がわからず、思わず「ダメだよ」と言いながら、片手でイオリくんを抱え、もう一つの手で積み木を持って、元の場所まで連れも

子どもの言葉の発達に関心のある園で組織された研究会で出会ったのが山本さんの実践記録でした。園の同僚も参加する研究会で、ほかの園の保育者と一緒に実践分析する研究会は、異質な視点が交じり合う貴重な学びの場になっていました。また、年に一回は自分たちの園の実践記録をまとめて発表することを、それぞれの園が自らに課していることも、大きな意味があるように思います。

どした。

しかしイオリくんは、私からするりと抜け出したと思うと、再び舞台のところまで積み木を持って歩いて行き、同じ行動をくり返した。

すると自分のセリフの番を待っていたショウゴくんがカッとなって飛び出し、イオリくんに向かって、「ジャマすんなよ!」と叫ぶと同時に、その積み木を思い切り蹴飛ばしたのである。

蹴りだされた積み木はホールの端まで飛んで行ってしまったが、イオリくんはすかさず積み木を拾いに行ったかと思うと、再度舞台に積み木を置き、積み木をたたく動作をくり返した。


「子どもの行動には、どんな行動にも大切な意味がある」といっても、こうした理解不能な行動をくり返すイオリくんの「真意」を正しく理解することは、実際にはかなりむずかしいことなのだろうと思います。そしてそんな行動をくり返すイオリくんを自由に行動させるわけにもいかず、山本さんはイオリくんを抱きかかえ、みんなの邪魔にならないようにホールの隅まで連れていったと記録には記されています。

でもそこで、思わぬことが起きたというのです。


「障害児加配」等の配慮がされたとき、日本の保育実践の現場では、その子どもに加配保育者がついて保育する体制をとるのが一般的です。しあまりにしつこいのでイオリくんを抱きとめると、何かさかんにつぶやいていた。
イオリ「××××××」（ぶつぶつつぶやいているが聴きとれない）
保育者「えっ？　何？」
イオリ「×××××ブ」
保育者「えっ？　ブ？　何？　ブッて？」
イオリ「××××ブ、×××××ブ」
保育者「えっ、ウーブ？」
イオリ「ユーチューブ」
保育者「ユーチューブ？」

イオリくんがくり返す「ユーチューブ」という言葉をやっとの思いで聞きとることができた山本さんは、その言葉を耳にしながら舞台の子どもたちを見て、「あっと気がついた」と記録には記されていました。ユーチューブが大好きなイオリくんは、舞台の上で劇の練習をしている子どもたちの姿と、ユーチューブの画面とが結びついたようなのです。そして舞台の上に置いて、何度もたたこうとした積み木

かしながらそうした場合、当の障がい児自身が担任保育者との関係を築けないまま時間が推移し、クラスの中で対等な一員として尊重されない問題が生じる危険性が多くなってしまいます。クラスにいることを許容されることと、クラスの一員として尊重されることとの間で、障がい児担当保育者の位置づけと役割について、さらに研究的に明らかにする必要があるといえるでしょう。

は、ユーチューブのオン・オフボタンだったようなのです。

保育者「イオリくん、おもしろいこと考えるね！　ユーチューブかぁ！　気がつかなかったよー！」
すると私の声を聴き、イオリくんははじめてニヤリと笑った。
子ども「何？　何？　何が『なるほど！』なの？」
保育者「あのね、イオリくんはみんなの劇を『ビデオで観てるみたいでステキ！』って思ったんだよ。だから、ここにビデオのボタンを置いときたかったんだって」
ショウゴ「じゃあ、そう言ってよ！　もう〜。今日は置いといてもいいよ」

記録はここで終わっていましたが、明らかにこれは、イオリくんの「劇参加記念日」の記録です。「劇」をすることのイメージも、何かの配役になることの意味も、定かに持つことができなかったイオリくんが、自分の大好きなユーチューブを間にはさんで、はじめて「劇」と自分との間につながりをつくることができたのです。しかも、積み木をビデオのオン・オフボタンに見立てて、自ら劇に参加しようと動いたわけです。

これらがすべてつながったときのイオリくんの心の動き、わかるような気がします。そしてすべてを理解した山本さんの「ユーチューブかぁ！　気がつかなかったよー！」という言葉に「ニヤリ」と反応したときの喜びと共感の関係、これも本当によくわかるシーンです。

ただ、ここまでくるとやはり、イオリくんのひらめきを仲間とつなげ、劇づくりの中に位置づけることができれば、イオリくんの発達の物語に新たな展開がみられたのではと思わないではいられません。ショウゴくんの「今日は置いといてもいいよ」という言葉を受けて、今日だけでなく明日以降もイオリくんのひらめきを大切にする方法はないかとみんなで考え、イオリくんのボタンで劇をはじめ、ボタンで劇を終わるといったストーリーを考えたりすると、イオリくんも立派な劇の参加者になることができるのです。

おそらくそうした議論を当たり前にできるようになることが、多様性の時代の集団保育には求められているのだと思います。つまり、保育者と子どもの個人的な関係の中に「子ども理解」を閉じ込めるのではなく、仲間との関係性の中に多様な子どもの声を位置づけ、それぞれの子どもを活動の主人公に導き入れる見通しを持つことで、はじめて「子ども理解」が有効に機能することになっていくのです。

6 「発達の物語」は関係性と時間軸の中に

1）ダイキくん、天気予報コーナーのキャスターになる

実際の保育実践の場では、こうした個別の「関係創造的実践」が子どもの数だけ存在すると同時に、子ども同士の関係が網の目のようにはりめぐらされています。しかもそれらが相互に影響し合いながら保育の現実はつくりだされているのです。当然のことながら子どもたちはバラバラに存在しているわけでもなければ、孤独に「自分づくり」をしているわけでもありません。子どもたちにとって仲間の存在は決定的に重要で、集団保育における関係創造の営みは、保育者と子どもの関係を基礎にしながら、子ども同士の関係を豊かに組織する形で展開されていくのです。

たとえばこうした点について、友だちを倒したとき「押すの、好きだから」と説明したダイキくんが、四歳児クラスに進級したあとの記録をもとに考えてみることにします。

　ダイキくん特有のこだわりが仲間とのトラブルにつながることが多かった三歳の一年間をへて、担任も変わり、四歳児クラスになって新しい関係性を模索する様子が、田中さんに代わって新たに担任になった平井さん（仮名）によって次のように記されていました。

　地元のテレビの天気予報コーナーに年長児が参加したことをきっかけに、天気予報に興味を持つようになったダイキくん。毎日、天気予報をチェックしては、朝の会でみんなに報告してくれるようになる。

　ダイキ「今日は晴れ、気温は二十五度まで上がります」

　このころ、朝の会の中で、保育者がアナウンサー役になって「ひまわりニュース」を遊び感覚でやっているが、その中に「天気予報コーナー」を特設し、それをダイキくんに頼めないか提案してみることにした。

　保育者「『ひまわりニュース』でさ、『天気予報』やってくれないかな？」

　その提案を承諾してくれたダイキくんは、それから毎日、はりきってみんなの前に出て天気を伝えてくれるようになった。そんなある日、ダイキくんにマサヒロくんが次のように質問していた。

　マサヒロ「ダイキくん、明日のお天気、教えてください！」

「気温は二十五度まで上がります」と細かい情報を正確に伝えるところなど、まさにダイキくんという感じですが、こうした形でダイキくんの特性をクラスの活動の中に位置づけたことで、ダイキくんに期待する仲間の思いが高まっていったといいます。そしてそうした期待の気持ちが、さらに新しい形で広がっていったのが、水遊びに夢中になるマサヒロくんとのやりとりの場面です。


降園準備をしているとき、ダイキくんのそばにマサヒロくんがやってくる。マサヒロくんは毎日のように水遊びをすることが恒例になっていたが、ダイキくんはそんなマサヒロくんが気になるのか、いつもじっと眺めていた。

そんなマサヒロくんに向かって、ダイキくんがおもむろに話しかけた。

ダイキ「明日も天気調べてくるね。水遊びしてね」

マサヒロ「ダイキくんてさー、やさしすぎるでしょう！」

それを聞いたダイキくんは、照れたように「エーっ」と言いながら笑い、その場を立ち去った。


クラスの仲間に対するダイキくんの献身的な仕事ぶりと、その姿勢に対するマサヒロくんのさりげない一言が、いい感じでつながっていると思います。自分の思うようにならないとすぐにパニックになるところはまだ変わっていないといいますが、それでもダイキくんの「照れた」表情が、仲間との関係性の変化を物語っているような感じがします。

②お天気コーナーにイノシシ情報加わる

実際、クラスの仲間に対して献身的に天気を伝え続けたダイキくんですが、秋になって園の近くにイノシシが出没したニュースが話題になったとき、ダイキくんはさらに新しい提案を、クラスのみんなに申し出たというのです。

クラスの中は、イノシシを捕獲するために落とし穴を掘ったり、足跡を見つけたといっては探検に行ったりと、イノシシの話題でもちきりだったのですが、そんなことを話題にしていたとき、急にダイキくんがクラスの仲間に向かって、「ぼくの家は近いから、幼稚園に来るかどうか、見張っておきます」と語り、その後は毎日、親と一緒に園の周囲を調べ、天気予報に加えて、イノシシ情報を日報の形で報告するようになったといいます。

そうした中、母親と一緒に市の施設に行ったとき、イノシシの情報が掲載されている広報誌を発見したダイキくんは、「みんなに伝えなくては！」とこの内容を伝える準備を、さっそく家に帰ってはじめたといいます。そして、その翌日。ダイキくんは広報誌を片手に、「イノシシは、カキが好きなので、木にカキを残しておくのはだめです」と、イノシシに関する注意事項を語りはじめたというのですが、その後、何を思ったのか急にクラスの仲間全員が登場する絵を描きはじめたといいます。その絵を間にはさんで、平井さんと話した内容が、次のように記録されています。

保育者「すごく人がいっぱい。誰？」
ダイキ「これは、お友だちです」
保育者「お友だち？」
ダイキ「はい。ひまわり組、全員います」

いつもは迷路のような絵を好んで描くダイキくんですが、「こんなに大勢の人を描き込んであるダイキの絵を見るのははじめて」と平井さんが語るように、そこにはクラスのみんなでイノシシ探検に出かける絵が描かれていたといいます。

3）お天気情報、進化する

そしてこのころから、クラスの仲間との関係も変化してきたというのですが、それに呼応するように、天気予報の中身も変化してきたと記録には記されています。

いつものように天気予報の時間。
ダイキ「夜は、はげあめです」
保育者「え？　はげちゃうあめ？」
と言うと、子どもたちは頭をおさえる。
ダイキ（大笑い）「違います！　はげしい雨です」
「あーよかった」とクラスで大笑い。

こうして、仲間との間で冗談を共有する関係にまで変化してきたといいますが、ダイキくんの天気予報はその後もさらに進化をとげていくことになります。

ダイキ「明日はくもりです」

保育者「かみなりさまは、いますか？」
ダイキ「はい。中学校にいます」
保育者「えっ？　みんなおへそ大丈夫？」
すると子どもたちは、真剣な表情で急いでおへそをしまっている。
そんなやりとりをした日のお弁当のとき、ミキちゃんとダイキくんが、今まで見たことのないような盛り上がり方で、何か話している。
ミキ「何階に住んでるの？」
ダイキ「二階です」
ミキ「えー！　一緒だね！」
ダイキ「本当に？」

こだわりの強さと、興味を持ったことに集中する性格と、やさしさとを併せ持ったダイキくんが、仲間との関係を通して自分らしく育っていく姿を、時間の流れとともに感じとることができる記録です。そして、そうしたダイキくんの「自分づくり」に寄り添う保育者のまなざしが、ダイキくん個人にではなく、関係性の網の目に向けられていることを理解できる記録になっています。

7　違いがあるからおもしろい　違う自分が誇らしい

個別性・差異性・偶発性の世界をおもしろく生きる乳幼児は、自分の声を持って生きる園生活の主人公です。子どもにとって「声」は「願い」の表現であり、保育実践はそうやって発せられる子どもの「声」に耳を傾け、子どもの「願い」に応えながら、関係創造的実践として展開される点に特徴があります。

もっとも、こうした形で関係創造的実践を定義すると、保育実践は保育者と子どもの関係性を本質とする実践のように理解されてしまいがちですが、実際にはもっと複雑な関係の中で子どもたちは生活し、保育実践は展開されています。これまで考えてきた事例を通して、関係創造的実践として展開される集団保育の原則を整理すると、大きく次の四つにまとめることができるように思います。

一つ目は、**子どもは子ども同士の関係性の中で「自分づくり」**をしていくという原則です。こだわりの強さが仲間との関係の障壁になっていたダイキくんが、仲間から「明日のお天気、教えてください！」と期待の言葉をかけられたり、「やさしすぎるでしょう！」と評価されたり、「一緒だね！」と共感の言葉をかけられたりしたことで、仲間との関係性を生きる自分を形成していった点が重要です。関係性を通して、関係を生きる力を獲得していく乳幼児の育ちの原理・原則がここにはあります。

そしてその際、それぞれの子どもの「特性」を活かし合う関係の創造が重要になります。ときに「逸脱」の要因となることもある子どもの「特性」は、他者や集団に合わせる形でそぎ落としてしまっては意味がありません。「差異性」は、関係の中で活かされることによってはじめて意味を持つのです。正確さにこだわるダイキくんの「特性」が、天気予報で活かされたことによって仲間との関係を変えたように、**「違いが活きる集団保育」をつくりだすこと**が集団保育に求められる二つ目の原則です。

三つ目に大切なのが、**子どもの発達を時間軸の中に位置づける**視点です。子どもの「自分づくり」は一回の関係性で完結するものではありません。ダイキくんの天気予報にしても、回数を重ねることで変化してきました。言葉を短縮して「はげあめです」と紹介したダイキくんと、それに驚きの反応を示す子どもたちの関係がつくられていったのも、くり返される天気予報の実践が相互の時間軸の中に位置づけられることによって、それぞれの「発達の物語」をつくりだしていった点が重要なのです。

最後に考えたいのが、こうした「関係創造的実践」に寄り添う**保育者のまなざしの複眼性・多重性**です。ダイキくんの「自分づくり」に寄り添った田中さんや平井さんは、ただダイキくんだけを見つめていたわけではありません。ダイキくんの育ちを、常に関係の網の目の中に位置づける視点を持ちながら保育していました。このまなざしの複眼性・多重性が、「違いがあるからおもしろい」と子どもたちを見つめる視点となり、「違う自分が誇らしい」と感じる子どもを育てようとする子ども観の根っこに据えられていた点が重要です。

保育者である平井さんは、大学で障害児教育を学んで保育者になった人です。そこで学んだことがダイキくんとのかかわりにも活かされていると思います。しかしながら大切なことは、「障害児教育」について学んだことよりも、保育以外の専門を持っている点にあるように思えます。先に登場した同僚の田中さんは大学で数学を専門にした変わり種ですが、子どもを前にして、こうして異質なものが不思議なつながりを見せるとき、「ひらめき」が湧いてくるのです。自分の得意な領域を保育以外の分野に持つことが、保育者にとっては大切な力になるのです。

8　逸脱と参画の保育実践

集団から「逸脱」する子どもは、じつはもっとも能動的に活動する子どもだと本章の冒頭で論じました。そして集団保育は、そうやって**個別性・差異性・偶発性**の世界を個性的・能動的に活動する子どもたちを対象に展開されるわけですから、能動的に活動する子どもであっても、決して「逸脱」する子どもではないはずなのです。

ところがそんな愛すべき子どもを、「困った子ども」と呼び、「逸脱」する子どもと考える保育者がたくさんいるのです。その理由は簡単で、そんな多様な子どもたちに同一性・同質性・計画性にもとづいた活動を、保育者が当たり前のように提示するから、その輪の中に入れない子どもや入らない子どもがはじき出されてしまうわけです。つまり、保育の中の「逸脱」は、子どもが選択して生じたわけではなく、同一性・同質性を要求する保育者がつくりだしたものなのです。

もちろん、その枠を大きくするだけで、「逸脱」する子どもは減少します。しか

「逸脱」を社会学的に分析したものとしてはハワード・ベッカー（Howard Becker）の『アウトサイ

しながら同一性の枠を大きくするということは、「おもしろさ」の枠を広げたというよりも、実際には「おもしろさ」の質をあいまいにして、そこに一緒にいることを許容していることが多いのです。

先に紹介した劇の練習では、イオリくんが一緒に劇の練習の場にいることが「許容」されていたように、決して排除しない環境がつくられていました。ところがイオリくんは、確かにそこにいるけれど、そこで「おもしろさ」をつくることができていません。その場の主人公になることができないまま、そこにいることが「許容」されているだけだったのです。

こうした保育を支えているのが、多くの保育者の中に無意識に存在する「みんな一緒主義」と「みんな一体主義」です。クラスみんなが一緒に行動すると安心し、みんなが一体になってがんばるとうれしくなる、そんな集団の感性を、保育者自身が自分の生育過程で無意識のうちに獲得し、それを子どもたちに自然に求める関係が、保育の中で再生産されているのです。

多様性の時代の集団保育は、まずこうした「みんな一緒主義」「みんな一体主義」の呪縛から解放されることから出発しなければなりません。つまり、みんな違うことを前提に、集団保育を出発させなければならないのです。

もちろんその場合、そうやって「違い」を持った子どもたちが、ただバラバラ

ダーズ――ラベリング理論とはなにか』（村上直之［訳］、新泉社、一九九三年）が有名です。ここでは、「逸脱行動があるから法によって取り締まるのではなく、法によってこそ逸脱が構築されている」という感じで、「正しさ」の枠組みをつくることが逸脱をつくりだすと説明されています。（大澤真幸『社会学史』講談社、二〇一九年）

に、孤立して生きることを推奨しているわけではありません。「おもしろさ」を追究する子どもたちが、それぞれの「おもしろさ」を響き合わせながら、「おもしろさの共同体」をつくっていくのです。そしてその「おもしろさの共同体」がさらにつながり合っていく関係を、ゆるやかに、しかしていねいにつくりだしていくのです。

おそらくこうした新しい集団の姿をつくりだす課題が、多様性の時代の集団保育にはあるのだろうと思います。教育社会学者の本田由紀さんは、こうした集団の姿を「水平的多様化」という名前で呼んでいますが、そんな集団イメージを人生の最初の段階でつくりだし、子どもたちの発達を支える人間集団に位置づけることができると、おそらく今まで経験したことのない、新しいタイプの子どもが育っていくことになると思います。

ただし、実際にはこれがむずかしいのです。その一番の理由は、子どもと一緒に生きる保育者自身が、そうした集団を経験したことがないからです。自分の中に経験として存在しないものを、子どもと一緒につくるわけですから、実際にはかなりむずかしい課題に挑戦しようとしているのです。

たとえば、「水平的多様化」という言葉で多様性の時代の集団イメージを描いた本田さんは、これとは別に日本の教育において「人間の『望ましさ』に関する考え方」が、「垂直的序列化と水平的画一化の独特な組み合わせを特徴とするシステム

本田由紀『教育は何を評価してきたのか』岩波書店、二〇二〇年、二〇頁

この三つの集団イメージの関係について、本田さんは次のように特徴づけています。

「垂直的序列化と水平的画一化の過剰、水平的多様化の過小という、人間の『望ましさ』に関する日本の特徴的な構造は、変化に対する社会と個人の柔軟な適応を阻害する。なぜなら、過剰になっている垂直的序列化および水平的画一化という二つの力学は、いずれも『他の可能性』を排除するように機能する傾向があるからである」（二二頁）

構造」の中で歴史的に普及拡大してきたと分析して、それを**図5**のような概念図で説明しています。

このうち、「垂直的序列化」は一元的な「能力」にもとづく「選抜・選別・格づけ」を意味していますが、これは実感として理解できると思います。図の中でこれが二つの線に分かれているのは、一つが学力の競争主義で、もう一つが運動・芸術分野の競争主義とでも理解しておけばいいでしょうか。いずれにしてもこうして私たちの中に、競争に勝つことに価値を見出す感覚が、無意識のうちに醸成されていることは確かです。

しかしながらこうして競争と選別の中を生きさせられる子どもたちが、同時に「態度」や「資質」においては「特定のふるまい方や考え方」を共有することが求められてきたと本田さんは分析します。ここで問題にした「みんな一緒主義」と「みんな一体主義」です。

この異質な二つの価値観を自分の中で同居させることは、実際にはかなり困難なのですが、それを同居させるために日本の子どもたちは、自分を殺しながらこの価値観に適応することを

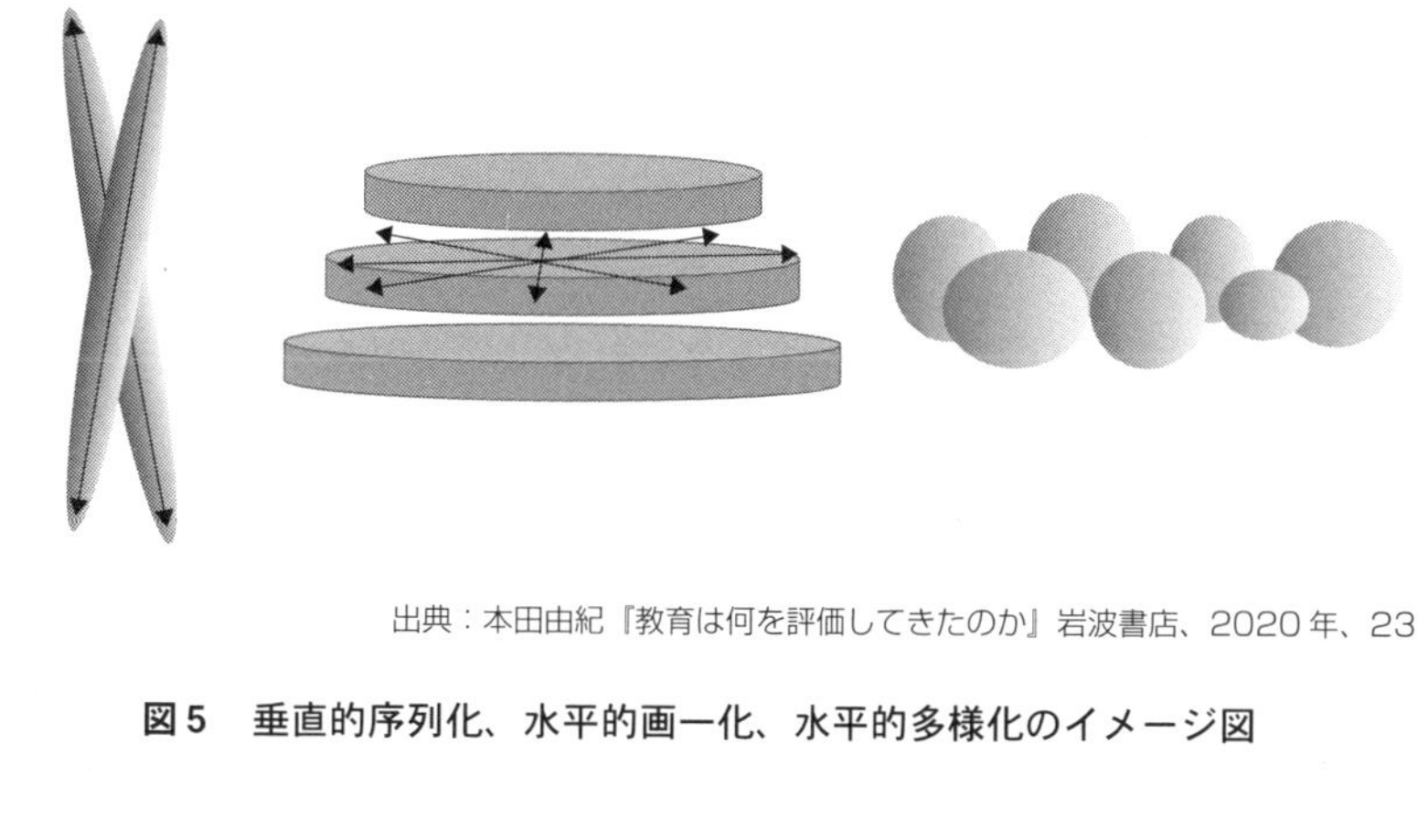

出典：本田由紀『教育は何を評価してきたのか』岩波書店、2020年、23頁

図5　垂直的序列化、水平的画一化、水平的多様化のイメージ図

強いられてきたということなのかもしれません。

いずれにしてもこうして日本の子どもたちは、がんばって競争し続けることと、競争に勝っても負けても仲間と同じように行動することとを両立させることが求められ、またそれに応えようと努力しながら大きくなっていくのですが、その一方で多様に存在する者同士がつながっていく「水平的多様化」の心地よさを経験することはきわめて「希少」だと本田さんは指摘するのです。

考えてみたら、競争的価値を生きることも、同一的価値を生きることも苦手な乳幼児は、まさにこの「水平的多様化」の世界を自然に生きている存在です。そして本来、保育実践はそうやって多様な存在として活動する子どもたちが心地よくつながる経験をするために存在しているはずなのです。

もちろん、ここで言う「水平的多様化」は、多様な個性を持った個人がバラバラに活動している状態を指しているのではありません。実際、「多様性」の問題を「みんなちがってみんないい」という感じで「差異性」を許容する議論でとどめてしまうと、違いがあるゆえに存在する差別の現実を肯定してしまうことになりかねません。みんなが勝手に活動する社会は、みんなが生きづらさを解決できないでいる社会でもあるのです。

多様性を大切にするということは、「多様な差異を互いに認め合って平等に包含し、誰もが生きやすい社会」をつくりだすために、相互に影響し合いながら生きることを意味しています。そしてそれゆえ、保育・教育の世界でつくりだそうとする「水平的多様化」の社会は、当然のことながら乳幼児の段階から、そうした関係を意識する必要があるのです。

岩淵功一［編著］『多様性との対話』青弓社、二〇二一年、二〇頁

もっとも、実際にはそんな社会をつくることができていない私たちが、保育の中で新しい社会をつくりだそうというわけですから、それは決して容易な課題ではありません。しかしながらそれでも、「水平的多様化」の入り口にいる乳幼児が、相互に自分を主張しながら、差異の存在をおもしろがり、一緒に活動する可能性を拓いていく、そんな道筋を一緒につくりだすことができるなら、まさにそこに現代保育実践のロマンがあるというものです。

いや、たんにロマンだけはありません。子どもを権利主体として位置づける営みは、現代社会を「対話する社会」に転換する保育現場からの挑戦にほかならないのです。

次刊に向けて

子どもを「意味生成の主体」と位置づけ、「声を持った主体」として尊重する保育実践について、これまで考えてきました。

「意味生成」という言葉は、子どもの知的能動性・知的創造性を強調する思いを背景にしたものでしたが、同時にそれは「意味生成の個別性」を議論の基本に据える思想にもとづくものでした。一人ひとりが違う「意味」をつくりだし、異質な「おもしろさ」の世界を生きていることを、そのまま大切にする保育実践の構築がそこでは求められていましたが、それは能動性と協同性とが響き合う、新しい関係性の構築を保育実践に求めることを意味したものでもありました。

しかしながら、子どもを「意味生成の主体」と位置づける議論には、もう一つ大切な意味があると指摘するのが、本書の中で何度か登場してきたロンドン大学のピーター・モスさんたちです。モスさんたちは、「意味生成の言説」は、「質の時代」に勢いを増してきた、保育を「標準化」する政策への対抗概念として重要な意味を持つと論じていますが、最後にこの問題にふれておくことにします。

ここで「質の時代」というのは、国際的に「保育の質」を強調する議論が展開されるようになった一九九〇年代以降のことを指していますが、「質の時代」は保育実践の場に深刻な混乱を持ち込むことになったとモスさんたちは指摘しているのです。

もっともこうした議論を紹介すると、保育の「質」がよくなることは重要なことで、それが問題だということが理解できないといった反論が寄せられたりするのですが、もちろん一般論として保育の「質」の向上を否定しているわけではありません。

問題はこうした議論が政治的に展開されるとき、保育の「質」は計測可能であり、計測のために準備された「基準」に従って保育を実践・評価することを求める議論が、大手を振って展開される点にあるとモスさんたちは語ります。

乳幼児に関する質の言説は、他の分野と同様に、客観的で合理的で普遍的な基準を追究することによって作成されてきた。それはエキスパートによって、議論の余地のない知識によって定められ、保育施設のもつ複雑さを「安定した合理性の基準」へと縮小するようなやり方で測定されてきた。哲学を犠牲にして方法ば

グニラ・ダールベリ、ピーター・モス、アラン・ペンス『「保育の質」を超えて——評価のオルタナティブを探る』浅井幸子［監訳］、ミネルヴァ書房、二〇二二年

かりが強調され、「なぜ」よりも「どのように」が優先された。…………『「保育の質」を超えて』一五五頁

つまり、保育の「質」を強調する議論は保育の「標準化」を要求し、複雑で多様性に満ちた保育実践の現実を、「安定化した合理性の基準」に対応させる形で単純化する傾向を生みだしてしまったというのです。そしてこうした議論に対抗して、複雑性・多様性を前提に保育を語り、**個別性・差異性・偶発性**を基礎に保育実践論を構築することの意義を強調しているのです。

もちろん、日本の保育実践も「質の時代」と無関係ではありませんでした。いや、日本の場合はもう少し複雑で、「規制緩和」の名のもとに進められた量的拡大政策に並行する形で「質」が強調されるという、まさに離れ業のような「質の時代」を過ごしてきたのが、この国のリアルな姿だったのです。

実際、一九九〇年を起点に展開された保育政策は、長時間保育の常態化、乳児保育の一般化、定員超過の常態化による量的拡大政策として展開され、子どもたちの豊かな発達を保障する政策というよりも両親の就労支援のための託児政策として展開されていきました。

園庭のない保育所を容認し、株式会社の参入を認め、劣悪な保育基準を放置したまま、保育の質を向上させることを園と保育者に求める政策が展開される中、保育

現場に疲弊が蔓延し、現在に至っているのが現実です。

　こうした中、保育の質を維持するために取り組まれたのが、第三者評価を含む評価システムの構築でした。そしてそのために、現場で子どもと向き合っている保育者の手の及ばないところで評価の根拠となる基準づくりが行われ、そうやって策定された評価基準に対応して実践をつくりだすという、まさに本末転倒の状況が保育現場に広がることになってしまいました。

　本書はこうした現実に、「意味生成の主体」として子どもを位置づけ直し、**個別性・差異性・偶発性**の原理で動く子どもの発達と保育のリアルを起点に、新たな保育実践理論を構築することを提案したものです。おそらくそこで求められるのは、実践の展開過程で発達の目標や保育の目標が生成していく、生成する保育実践を創造する課題に正面から向き合うことなのだろうと思います。

　保育者＝子ども関係論を軸に整理した本書に続いて、保育目標論・保育カリキュラム論という視点から、新しい時代の保育の姿を、次刊で検討してみようと思います。

● 著者

加藤繁美（かとう しげみ）

1954年、広島県生まれ。名古屋大学大学院教育学研究科博士前期課程修了。保育・幼児教育制度、保育実践の理論的・構造的研究に取り組む。博士後期課程在学中に山梨大学教育学部に着任、以降2018年まで在職、現在山梨大学名誉教授。2018～2022年、東京家政大学子ども学部教授。おもな著書に『子どもの自分づくりと保育の構造』（ひとなる書房、1997年）、『しあわせのものさし』（同、1999年）、『対話的保育カリキュラム〈上・下〉』（同、2007年・2008年、日本保育学会保育学文献賞受賞）、『記録を書く人 書けない人――楽しく書けて保育が変わるシナリオ型保育実践記録』（同、2014年）、『子どもとつくる保育 年齢別シリーズ（0～5歳児保育）』（監修、同、2011～2016年）、『保育・幼児教育の戦後改革』（同、2021年）他多数。

● **装幀** 山田道弘 ● **カバー装画** おのでらえいこ ● **本文イラスト** 木村倫子

希望の保育実践論Ⅰ 保育の中の子どもの声

2023年10月20日 初版発行
2024年 6 月19日 二刷発行

著 者 加藤繁美
発行者 名古屋研一

発行所 ㈱ひとなる書房
東京都文京区本郷2-17-13
電話 03-3811-1372
FAX 03-3811-1383
e-mail: hitonaru@alles.or.jp